安徽省高校人文社科重点研究项目（SK2018A0245）
安徽师范大学学术著作出版基金（2018XJJ150）

资助出版

古籍概述

王会梅◎编著

安徽师范大学出版社
·芜湖·

图书在版编目(CIP)数据

古籍概述 / 王会梅编著. — 芜湖 : 安徽师范大学出版社, 2018.10(2025.1 重印)
ISBN 978-7-5676-3744-3

Ⅰ.①古… Ⅱ.①王… Ⅲ.①古籍研究 – 中国 Ⅳ.①G256.22

中国版本图书馆CIP数据核字(2018)第198590号

古籍概述   王会梅   编著
GUJI GAISHU

责任编辑:彭　敏
装帧设计:任　彤
出版发行:安徽师范大学出版社
　　　　　芜湖市九华南路189号安徽师范大学花津校区

网　　　址:http://www.ahnupress.com/
发 行 部:0553-3883578　5910327　5910310(传真)
印　　刷:阳谷毕升印务有限公司
版　　次:2018年10月第1版
印　　次:2025年1月第2次印刷
规　　格:700 mm × 1000 mm　1/16
印　　张:11.5
字　　数:188千字
书　　号:ISBN 978-7-5676-3744-3
定　　价:49.00元

如发现印制质量问题,影响阅读,请与发行部联系调换。

目　录

第一章　中国古籍概况

第一节　古籍概述

中国文化、印度文化、阿拉伯伊斯兰文化、西欧文化是世界四大文化体系。中华民族有着数千年的历史，创造了灿烂的古代文明，为后人留下了大量的、宝贵的文化遗产，其中包含大量的文字典籍。古籍是人类文明的历史记载，是历史的产物，是文明的历史标志。

一、古籍定义

在古籍、古书、旧书这三个称呼中，古书、旧书是宽泛的、约定俗成的说法，而古籍是专业名词，有特定的含义。"古籍"指研究中国古代文化的书籍，为古书册的习惯称谓，是以古典装帧形式出现的写本和印本图书，包括先秦至辛亥革命前（前21世纪—1911）产生的文字典籍，如清、明、元、宋、唐、隋、晋、魏、汉、秦、周著均为古籍。《中国大百科全书 图书馆学、情报学、档案学》将古籍范围确定为：周秦时代到1911年期间成书的图书。由北京大学图书馆学系、武汉大学图书馆学系合编的《图书馆古籍编目》（中华书局1985年出版）指出，古籍主要是指1911年以前历朝各代的刻本、写本、稿本、拓本等。但之后的影印、排印的线装古籍如《四部丛刊》《四部备要》《章氏丛书》《王国维遗书》《过云楼藏明人小札》等也属古籍。其实，古籍不仅包括古书，还包含古书以外的、未形成"书"的其他古代文献，如甲骨刻辞、金石刻辞、简牍帛书、敦煌卷子等。

黄永年（1985）在《古籍整理概论》中认为春秋末战国时编定撰写的经、传、说、记、诸子书等是古籍的最早记录，清代末年为古籍最后的时间节点。2006年8月文化部发布《古籍定级标准》，关于"古籍"的定义是：中国古代书籍的简称，主要指书写或印刷于1912年以前具有中国古典装帧形式的书籍。我国的古籍多采用汉文书写，此外还有藏、蒙、满、彝、傣、回鹘、西夏、契丹等二十余种民族文字，这些也是中国古籍，而通常所谓古籍整理仅限于汉文古籍。中国古籍不仅涵盖了1911年以前中国人的著作，也包括了外国人在中国所写的著作。李一氓在少数民族古籍整理出版规划工作座谈会上指出：古籍，尤其少数民族古籍，不仅包含印刷品和文字内容，口头文化的整理也是古籍的一部分，如土家族的《摆手歌》、瑶族的《密洛》、哈尼族的《造天造地造万物》等。但对古籍的整理作品不是古籍。因此"古籍"的定义应该包括四个方面：①1911年以前编撰出版的图书；②1911年以后的编撰出版，涉及古代文化，采用传统著述方式，木刻线装的印本书、抄本书、写本书、帛本等；③用少数民族文字书写的古籍图书和口碑文献；④外国人在古代中国撰写的著译，或与中国思想学术有密切关系的外国译著图书。

关于我国的外文古籍，据统计，国家图书馆外文图书收藏量约为341万册，南京图书馆收藏外文图书约有64万册。以南京图书馆为例，收藏了大量1800年以后出版的外文文献，其中有关佛教方面的古籍，如1879年Edikins Joseph所著的《中国人佛教》（Chinese Buddhism），1884年Beal S所著的《中国佛教》（Buddhism in China）；关于人物传记方面的，如1875年Legge James所著的《孟子的生平及其著作》（The Life and Works of Mencius）；关于游记方面的，1804年Barrow John所著的《北京及其他地区的旅行》（Travels in China Peking to Canton），1863年Knight Captain所著的《喀什米尔和西藏的徒步旅行记》（Diary of Pedestrian in Cashmere and Tibet）（董绍杰等，2010）。

二、古籍结构

古籍的结构很特别，主要包括单页版式、外部结构、内部结构等。

1.古籍的单页版式

单页版式结构包括版框、界行、书口、鱼尾、象鼻、天头、地脚、书耳等

（图1-1）。版框，也叫边栏，指一张印页四周的围线。基于栏线的条数，版框分四周边栏仅有一条围线的四周单边、左右边栏各有两条线组成的左右双边、四周边栏都是两条围线的四周双边（文武栏）等。以栏线的图案分，有明金陵富春堂刻《绨袍记》的"卍"（音同"万"）字栏、清刻本《陶渊明集》的竹节栏、清内府五色抄本《金刚经》的博古栏等。界行，为字行间的分界线。界行和栏线有朱、墨两类颜色，红栏为朱丝栏，黑栏为乌丝栏。书口，或叫版心、中缝、版口，在每页正中，较窄，格内常刻有书名、卷次、页码、字数、刻工姓名等。地脚指下栏以外的空白。书耳，或叫耳格、耳子，指版框外边上端的小方格，此处书写篇名、室名等。天头，也叫书眉，指上栏以外的空白处。鱼尾，指书口全长四分之一处的鱼尾形标志。以鱼尾数量分，只有一个鱼尾的为单鱼尾，两个鱼尾的为双鱼尾，三个鱼尾的为三鱼尾。以鱼尾的方向分，两个鱼尾方向相反者为对鱼尾；两个鱼尾方向相同者为顺鱼尾。以鱼尾的虚实图案分，有白鱼尾、黑鱼尾、线鱼尾，花鱼尾等；如仅有鱼尾外部轮廓的为白鱼尾，用墨填实的为黑鱼尾，由线条和图案建构的分别为线鱼尾和花鱼尾。象鼻是连接鱼尾与版框的一条线。粗线叫大黑口、阔黑口，细线为小黑口、线黑口、细黑口。无象鼻的为白口。白口刻有文字的为花口。

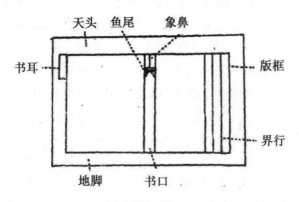

图1-1　古籍的单页版式结构

2.古籍的外部结构

古籍的外部结构包括书首、书脊、书脑、书根、书衣、书签等（图1-2）。

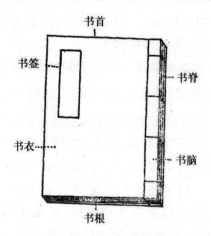

图 1-2　古籍的外部结构

书首,也叫书头,指书的上端。书脊,或叫书背,指装订线右侧的截面。书脑,指装订线右边的部分。书根,为书的下端。古书不直放,多平放。应翻检的需要,常在书根上题书名、册数和册次。书衣,或叫书皮,为包在全书最外层、起保护作用的厚纸,如明末古籍书衣多用宋笺藏经纸或宣德纸,清初古籍书衣多用五色笺纸。书签,指贴在书衣左上方的一个长方形纸条或丝条,上面标有书名,书签常请名人或师长题写。

除上述主要外部结构外,还含有一些其他的特殊结构,如书名页、副页、包角、衬纸、金镶玉、书帙、书套、木匣、夹板、高广、书品。

书名页,指书衣之后题有书名的一页。副页,或叫护页、扉页,指夹在书衣和书名页之间的空白页子,其作用是保护书页、防潮防蛀。包角,指用细绢所包订线一侧上下之角,既美观又有保护作用。衬纸指当修补旧书时,在书页内所加的白纸。若书品太小,不可剪裁,书页之内衬一张长于书页上下两端的白纸,称为金镶玉。书帙指包装卷轴装书籍的外衣如布帛或竹帘等。书套,以草板纸为里、外敷蓝布制成,指保护古籍的外套,多用于我国北方地区。书套分四合套、六合套。外露书首、书根,仅前后左右包四面的书套叫四合套;前后左右上下六面全包的,叫六合套。木匣,指那种专门盛放珍贵图书的木制匣子,比书套更结实。夹板,指夹在图书上下的两块木板。制作方法是:先找两块木板,大小和书衣相当,再在板的两端各穿两孔,最后穿带系紧。高广为书页的长度和宽度。书写时,一般长度在前,宽度在后,以 cm 为计算单位,写作"cm",中间以"×"连接。书品有两层意义：一是指书籍大小，如开本较大的为"书品宽大"，二是指书籍的新旧完损程度，如破损严重的为"书品太坏"。

3.古籍内部结构

古籍内部结构，主要指古籍内容，包含封面题名、序、目录、凡例、正文、跋、卷首、卷末、附录、外集、笺、注、疏、大题、小题、牌记、墨钉、墨围、阴文、白文、行款、藏章、帮手等。

序为正文之前说明写作经过、刊刻情况、学术源流等。目录指正文之前的篇章名目，包括全书的所有篇名。跋为图书在流传过程中写上的有关版刻源流、流传源流的文字。凡例为全书编制体例的说明文字。卷首为正文之前独立成卷的部分，其内容大多是圣谕、先人著述文字或著者生平资料（行状、神遭碑、墓志、传记等）。把圣谕放在卷首，表示荣遇。如明刘基《诚意伯文集》卷首为：刘廌编《翊运录》；清纪昀等编《四库全书总目》卷首为：清高宗弘历所颁关于编纂《四库全书》的圣谕，见《四库全书总目·凡例一》："是书卷帙浩繁，为亘古所无，然每进一编，必经亲览。宏纲巨目，悉禀天裁。定千载之是非，决百家之疑似。权衡独运，衮钺斯昭。睿览高深，迥非诸臣管蠡之所及。随时训示，旷若发蒙。八载以来，不能一一殚记。谨录历次恭奉圣谕为一卷，载诸简端。"把先人著述文字放在卷首，意味孝心。如宋戴复古《石屏集》卷首载其父戴敏诗十首；清程鸿诏《有恒心斋文》卷首有《有恒心斋前集》。把著者生平资料放在卷首，可了解著者身世和写作背景。如清朱次琦《朱九江先生集》卷首有门人简朝亮所撰年谱，清顾寿祯《孟晋斋文集》卷首有其弟顾家相所撰年谱，明邓显麒《梦虹奏议》卷首有邓显麒传。

卷末，在正文后独立成卷，为后人文字著述、著者生平资料、同辈赠赋，或与正文有关的内容，间或把长辈著述附后。在正文之后附上他人的作品，为"附骥而行"。如后辈著述附后的有明李昱《草阁集》末附其子李辕《筠谷集》一卷，清沈翼机《澹初诗稿》末附其子沈廷荐《见山堂诗抄》一卷。同辈著述附后的有元《丁鹤年集》末附其长兄诗九首、次兄诗三首、表兄诗五首。同辈、晚辈著述文字同时附后的如宋罗愿《鄂州集》末附其兄罗颂、其弟罗顾、其侄罗似臣之文。长辈著述附后的有宋黄庭坚《山谷集》末附其父的《伐檀集》。卷末附著者生平资料者的如宋穆修

《穆参军集》卷末附录穆修遗事一卷。同辈赠赋的如明谈修《惠山古今考》卷末有赋赠之作三卷。卷末附录有关正文内容的如清喻昌《医门法律》卷末附录《寓意草》四卷,记录其临床所见的各种病例。

附录指正文之后的附加部分。外集为正集之外的部分,其内容包括:儒家别集外的佛理作品;与内集不同的文集和不同内容的作品;补遗之作。卷端为每卷正文前两三行表示书名、著者、编纂校刊姓氏、版刻情况的文字。小题指篇名,大题指书名。古籍卷端书名写在篇名之下者,叫作"小题在上,大题在下"。牌记为刻书者用以宣传刻书情况的特殊标识。墨钉指正文中表示阙文的墨色方块,如"■"。墨围主要指为了强调"注""疏"等有关字眼,在其四周围上墨线。阴文为笔画凹下的字,多用于"注""疏"等字。白文为只有正文、不含注疏的本子。行款指书页版面的行数和字数,一般以半页为计算单位。藏章,也叫藏书印,是古籍在流传过程中钤上的印章。

三、古籍善本

古籍善本,包含"古籍""善本"两层意思,主要指版本好、完善的古籍。善本的时代下限,一般定在清乾隆六十年(1795)。版本,指同一种书,在不同的时间、地点、机构或个人刻印而形成的不同的本子。清末学者、洋务派首领张之洞在《𬨎轩语·语学论读书宜求善本》一文中认为善本之义有三:一是"足本",即无缺残、删削之本;二是"精本",即精校精注本;三是"旧本",即旧刻旧抄本。大致与张之洞同时代的著名藏书家丁丙在其所编《善本书室藏书志》的编纂体例中提出了善本的四个标准:精本、旧本、旧抄、旧校。《中国古籍善本书目》对善本做了专门界定,可归纳为"三性""九条",可在全国图书馆进行善本标准统一化。善本的"三性",是指具有较高的历史文物性、学术资料性、艺术代表性。历史文物性指从文物保护的角度,评估古籍的历史文物价值。学术资料性为从史料、治学的角度来度量古籍的内容和学术价值。艺术代表性主要从外在表现形式如书法、字体、装帧等方面评价其艺术价值。善本的"九条"包括:①元代及元代以前刻印抄写的图书;②明代刻印、抄写的图书;③清代乾隆以前流传较少的刻本、抄本;④太平天国及历代农民革命政权所刊印的图书;⑤辛亥革命前,在学术研究上有独到见解,或有学派特点的稿本以及流传很少的刻本、抄本;⑥辛亥革命前,反映某一时期、某一领域或某一事件资料方面的稿本以及流传很少的刻本、抄本;⑦辛亥革命以前的名人学者批校、题跋或过录前人批校而有参考价值的印本、抄本;⑧在印刷术上能反映古代印刷术发展的各种活字印本、套印本或有精校版画、插画的刻本;⑨明代的印谱、清代的集古印谱、名家篆刻印谱的钤印本,有特色的亲笔题记等。在馆藏古籍中,凡符合九条标准之一的,均可归入善本。"九条"大体含义为:第一,按时间顺序看,凡清代乾隆年及以前出版的书籍、流传的抄本稿本,均属于善本范围。乾隆年之后到1911年间的古书,视具体情况也可列入善本。第二,按特征来看,有意义的活字印本、印谱、版画、题记(包括在刻本上的校勘、眉批)也是善本。

四、古籍用纸

《后汉书》记录了东汉蔡伦用多种原料发明了植物纤维纸,即称之为"蔡侯纸",但在新疆罗布淖尔汉代烽燧亭故址、西安市郊灞桥古墓、甘肃居延肩水金关汉代遗址、陕西扶风县西汉窖藏、甘肃天水放马滩5号墓等发现了比蔡伦更早的麻质纤维古纸。其中,甘肃天水放马滩1号秦墓出土的秦始皇八年(前239)地图成为现存最早的纸质文献之一。古籍的用纸,品种很多,如麻纸、罗纹纸、棉纸、竹纸、开化纸、连史纸、宣纸、毛边纸、太史连纸、硬黄纸。不同朝代,不同地方,纸类也不同。

麻纸以大麻、麻布为制作原料,分黄、白两种。质细薄、纤维长、粗细不匀,受墨较好,常用于书画或拓碑帖。黄麻纸色略黄,稍粗糙。白麻纸洁白光滑,背面比正面粗糙,质地细薄坚韧,纸纹宽。宋刻本多用白麻纸,元后期多用黄麻纸。而罗纹纸色白,质地柔软,横纹明显,似丝织罗绸。棉纸又称皮纸,分黑、白两种。白棉纸色白,质地细柔,纤维多,韧性强。黑棉纸色黄黑,韧性稍差,明代前期多用。明弘治年间白棉纸洁白细腻,薄而软,韧性好,多用于吸墨、印书、拓片。明嘉靖年间白棉纸,薄而平滑,有韧性,细帘纹。明嘉靖年间的黄棉纸,色深、薄软,细帘纹。

竹纸取自竹与草茎,色微黄,稍脆,宋元至明初间有使用,明嘉靖朝后较普遍。金元竹纸较薄,纤维清晰,但比较脆,不易保存。明代竹纸薄软,有韧性,表面有纤维,但帘纹不明显。明成化年间竹纸黄而薄,正面光滑,帘纹均匀,纤维细致。明正德年间,竹纸浅黄,背面涩,纤维多。开化纸细腻、洁白,薄而韧性强,柔软,清内府刻本及扬州诗局刻书多使用。连史纸洁白纯净,正面光滑,背面稍粗糙,纸料较细,乾隆后使用较多。宣纸因产于安徽宣城而得名,纸薄而质地细,色洁白,绵软有弹性,能吸水,晚清、民国用于印金石、书画册、摹拓铜器、碑刻等。毛边纸米黄色,正面光滑,背面稍粗,质脆,乾隆后用得较多。太史连纸稍黄,质地细洁而有韧性。乾隆后毛边纸与太史连纸为两种经常使用的印书纸。硬黄纸属于桑皮纸,一面浅黄,另一面深黄,蜡质涂色,厚实质密,保存时间长,唐代用于写经,后用作画轴引首。宋代经书用的硬黄纸,深黄、薄软、纤维细、帘纹明显。

五、其他重要概念

古籍丛书:广义丛书是任意汇集两种以上的子书而括以总书名者;狭义丛书指汇集两种以上的子书必须跨越"四分法"部类,且"首位完整,序跋不遗",并括以总书名者。"汇藏丛书",是指收藏者(单位及个人)将多种书合装在一起以便于保管利用,并自拟一个统括群书的总名。丛书的类目包括杂纂类(汇编类)、辑佚类、郡邑类(地方类)、氏族类(家集类)、独撰类(自著类)。

古籍文献缩微品:为古籍文献的影像载体形式,不仅具备古籍文献的所有文献信息,而且具备载体本身形式的相关信息,如胶片的材料、影像的密度等。

古籍修复档案:为古籍管理人员、修复人员、审核人员在古籍的管理修复过程中形成的,记录古籍的基本信息、修复信息和审核信息,以及形成的关于古籍的基本信息、修复信息的文字、图片、表格、音频、视频等各种媒体形式的记录。

传统经籍:作为传统古籍中的一部分,一是指传统古籍中的经典古籍,二是传统古籍中的宗教古籍,即宗教经书。传统宗教经书,是指传统宗教包括系统而成熟的宗教体系和原始宗教在内的、现在仍然被信众所信仰的宗教中所使用的经书。文学经籍是经典的文学古籍,而经籍文学是具有一定的文学形式和文学价值的宗教经书。同理,传统文学经籍是指传统文学作品中的经典文学作品,而传统经籍文学是传统宗教经书中具有文学价值的经书。

民族古籍：指曾经在中华人民共和国疆域范围内生活过的各少数民族和正在生活着的各少数民族在历史上遗留下来的一切文化载体，包括原生载体古籍、金石载体古籍、口碑载体古籍、书面载体古籍四类。因此，少数民族口碑古籍界定为1949年以前在少数民族地区创作成型并传唱的，或讲述的记载本民族地方性知识的无形的口头传统。

中医古籍：中国传统医学是以古代中国文化为背景而诞生的，研究人体生理、病理以及疾病的诊断和防治等的一门学科。中医代表性的古籍有《黄帝内经》《伤寒杂病论》《难经》《神农本草经》等。我国现存最老的中医古籍是1979年在长沙市马王堆三号汉墓中发掘的《五十二病方》。民族医药古籍文献是1949年以前形成的原生传本以及对原生古籍进行注释、疏证的衍生古籍，或由于原生古籍已失，后人从其他引用书中逐条钩辑汇编的新生古籍，或按原文抄录或复制的抄录本或复制本（即再生古籍），或根据口传整理而成的口碑文献，包括以后对民族医药古籍传本进行整理而形成的民族语言型医药文献，包括无文字类文献、口碑载体文献，分为整理出版、整理存档和散在民间3种形式。简帛医书文献是医学古籍文献的重要组成部分，其包含深厚的中医药基础理论，完整地记载了数千个古医方，具备其他古籍文献所没有的专业性，对研究上古时期的医药学有极其重要的价值。中国古代医学图书，为人类医药科学事业的发展做出不可估量的贡献。

古籍数字化：古籍数字化的基本要素包括①加工对象：古籍；②加工工具：软件；③著录标准：机读目录格式；④实施者：古籍整理专家和数字化技术专家；⑤管理协调者：统一管理机构。古籍数字化是指从利用和保护古籍的目的出发，采用计算机技术，将常见的语言文字或图形符号转化为能被计算机识别的数字符号，形成古籍文献信息资源数据库，包括古籍书目数字化、古籍全文数字化、古籍图像版全文数字化、古籍文版数字化、古籍图文版数字化。古籍书目数字化是以古籍书目内容为数字化对象，对古籍的书名、责任者、版本、卷数、刻印年代、藏地、版式等做元数据描述，从而形成机读目录格式，向用户提供结果查询。古籍全文数字化是对古籍资源的全文进行数字化处理以便为读者提供全文阅读、全文检索或智能分析服务。古籍图像版全文数字化是指将古籍书页进行原文图像扫描,存储在光盘或计算机硬盘等介质上,从而为读者提供文字信息服务。古籍文版数字化是指将古籍书页转换成文本字符的形式加以存储,并附加全文检索和链接系统,从而为读者提供全文阅读或全文检索服务。古籍图文版数字化是图像版与文字版的结合,加入了原文图像,在需要查阅原文时只需点击随机附加的"原文影像"。

数字文献学:数字文献是指以二进制数字代码形式记录于磁带、磁盘、光盘等载体,依赖计算机系统存取并可在通信网络上传输的文本、图像、音频、视频等信息资源。因此,数字文献学是建立在传统的图书馆学、历史文献学、计算机学等多学科基础上,利用现代信息技术手段对传统文献的加工、处理、传播,研究数字文献的产生、发展、演变、整理、制作、校对、使用、流通、管理的一门综合性交叉学科。涵盖古籍数字化、论文数字化、报刊数字化、目录数字化、数字文献纸本化,以及数字图书馆、文献数字平台网络、数字版权防伪等,是一门对传统信息整理研究的新学科。研究学者要具备的能力:第一,要有扎实的文史哲功底,能读懂理解和校勘古籍;第二,掌握了比较复杂的计算机理论,深入了解数据原理和网络原理,懂得网络平台程序设计语言,会独立构建 C/S 系统;第三,有版权意识,善于管理运用文献,懂得文献市场需求。

第二节　古籍现状普查

古籍普查非常有必要,而且很重要。当前,古籍流失状况不容忽视,保存和管理条件有待完善。古籍特藏室入藏范围不一,著录格式不一致,急需摸清古籍家底。因此,必须深入普查工作一线,做好古籍分类,方便读者查阅利用。何艳艳(2009)指出古籍普查包含三个方面的信息内容:古籍基本信息、古籍破损信息和古籍保存信息。其中古籍基本信息能够反映古籍品种、数量、版本等。古籍普查比古籍编目具有信息涵盖量更大、覆盖面更深更广的特点。如通过古籍普查,发现地方院校山东省济宁学院图书馆保存了千册以上古籍,其中《齐民要术》《杜诗详注》《戴氏遗书》等10部古籍入选了山东省珍贵古籍名录。其馆藏古籍文献版本贯穿明、清两个朝代,构成了一定规模的藏书体系,具有重要的文献资料价值、版本价值、艺术欣赏价值。

一、普查方法与平台

利用古籍普查平台可获得各古籍收藏单位所录入古籍的题名、著者、版本、分类、版式等基本信息。借助普查平台信息检索功能,对古籍善本数量和分类数据进行统计,将其划分为4个等级,一至三级为善本。古籍文献类型、版本、批校题跋等为基础数据,此外,通过对已有数据检索信息的分析才能得到的,但在普查平台界面不直接显示的古籍信息为潜在数据。潜在数据揭示了古籍版本年代、特色收藏(如馆藏版本年代特色、版本刊印特色、文献种类特色、地方文献特色、名家名人收藏等)、古籍保存状况、馆藏多样性等内容。乔敏和张华艳(2012)指出在古籍普查登记工作中,版本鉴定是至关重要的。利用现代网络信息技术为古籍版本鉴定提供了新思路,通过国家图书馆联机公共目录查询系统、高校古文献资源库、四库系列丛书综合数据库、中国古籍善本书目联合导航系统、台湾地区善本古籍联合目录、香港中文大学图书馆中国古籍库、日本所藏中文古籍数据库等古籍书目数据库来判定古籍的版本。

周思繁(2016)认为版本著录是古籍普查登记工作的核心内容,版本著录中要注意初刻本、原刻本、翻刻本与重刻本,仿刻、影刻、覆刻以及初印本与后印本的区别。在著录时尤其要注意:旧版重印古籍著录应注意年代承接、重刻或翻刻古籍应如实著录重翻刻年代与雕版者、刻版者与藏版者应注意分辨考证、结合避讳字辨别版本应明确细致说明、多色套印本古籍著录应详细具体描述等。邢春艳和史伟(2012)提出古籍编目是图书馆工作的重要组成部分,是开展古籍普查和古籍修复工作的前提。编目中题名选取应与题名著录、古籍卷数著录、作者及相关依据著录、版本及判定依据著录、丛书零种及其他刻本著录、古籍批点、钤印、书影著录等密切相关。目前,古籍编目工作中存在题名著录错误、责任者著录错误、版本著录错误、著者时代著录错误、合刻合印之书遗漏品种等问题。因此,徐淑秋和郭晓丹(2013)提出古籍编目人才在古籍普查中是至关重要的、为第一位的,必须具备高尚的思想道德、渊博的文化知识、娴熟的专业技能、较强的古籍分类能力。鲁先进(2011)指出古籍著录中对责任者为僧人应具体的区别对待。僧人未出家之前的著作,仍按俗姓,出家后的法名可在附注项里说明,法名前须加"释"字;在家弟子仍用俗家姓名著录,不得用释加法名的方式,法名可以在附注项里加以说明。汉传佛教的著录中中国僧人名字须用法名,不得以字、号或尊称替代。

足本是指内容完整无缺的古籍,残本是指在流传过程中,由于种种原因造成残缺的古籍。通过古籍普查,发现有的缺卷、缺册,经过抄配,仍能补全。有的残缺过多,只能作为其他书的配本。古籍普查过程中,大量积存残本问题急需解决。侯蔼奇(2013)认为古籍残本最好的解决办法是通过古籍交换平台交换解决,即复本之间的交换和残本之间的交换,交换的前提是编制古籍复本残本目录。在古籍普查工作中,对破损古籍进行分类并合理定级、科学定量是十分重要且必要的。如建立破损的件数、破损的类型、破损的程度、破损的量化指标等破损定级标准,从而确定破损级别,有利于古籍修复和保护,且修复编辑时应使用繁体字。

利用大规模的古籍普查契机,部分基础薄弱的图书馆开始筹建古籍室。而建立古籍室面临古籍整理工作繁重紧迫、现有古籍工作人员经验不足、古籍室配套设施与经费不到位等问题。解决方法有:加大对古籍室的帮扶力度、重视古籍室的建设与普查工作、古籍工作人员应努力提高自身专业素养与实践能力。古籍普查为相关工作人员专业素质的提升提供了有效途径。如在古籍普查登记中以创新的方式聘用素质高、可塑性强、接受新知识快的在校大学生、研究生与古籍部工作人员共同组建普查团队。

娄明辉(2011a)发现自古籍普查开展以来,古籍保护发生了新的转变。古籍保护网站广泛建立,促进了古籍文献由封闭转入开放,由分散转向整合,古籍人才培养力度加大,人员交流频繁。古籍修复经传统技术与现代科技的结合,促进古籍保护的科学化与规范化,带动古籍修复水平提高。古籍书目数据和古籍普查数据之间的共享,可以为中小图书馆节约大量的人力物力,并提升了古籍数字化水平。

二、古籍普查现状

骆伟(2010)指出古籍普查可以帮助发现当前古籍的研究盲区,如时代界限不明确、著名学者和藏书家的概念模糊、"珍贵"的概念没有明确说明、标准定得过低或审核不严等，导致申报国家珍贵古籍名录受到影响。此外，在普查工作中，李正辉（2011）发现《中国丛书综录》《中国古籍善本书目》《国家珍贵古籍名录图录》等存在卷数、版本、工具书、分类、著者等问题。以辽宁地区古籍数据库为例，娄明辉（2011b）指出建设中存在准确性不高、数据库种类单一、开放程度不高等问题，可以利用古籍普查进行古籍数据库再建设，如编制古籍总目、建设专题数据库、深层次开发与利用文献。

古籍普查登记是一项全国性的古籍深入调查。在实际普查工作中，中小型图书馆古籍工作存在无经费保障、无专门古籍书库、无古籍专职人员配备、书卡不符、排架混乱、古籍无分类、目录不完备、无现代化设备及技术人员、古籍修复工作停滞、古籍开发利用为空白等问题。莫俊（2015）对2007—2013年的古籍进行了综合评析，仍然发现不少问题：古籍管理混乱、保护措施不完善、普查人才缺乏、古籍修复缓慢或停滞、普查硬件配备不全、缺乏专项经费等。韩春平（2014）以甘肃省普查工作为考察重点，指出了其中还存在的一些问题：人员的素质、业务技能和职业品德问题；普查平台中分类、索书号和著录的相关问题；著者朝代描述问题；定级问题等。古晓梅（2016）总结丹东市图书馆在可移动文物平台上古籍著录的实践经验，指出古籍著录中存在著录范围不明晰、项目设定不合理、内容设置不科学、术语表达不准确等问题。

在古籍普查工作中开展地方文化整理研究是丰富地方人文资源的重要途径，能有效宣传古籍普查保护工作，是提高古籍从业人员素质的重要途径。宋书兰（2013）总结了烟台图书馆在古籍普查工作中开展地方文化研究整理中所做的系列工作，如：抢救珍贵古籍地方文献；把古籍地方文献作为古籍普查保护工作的重点；以地方文化整理为中介，加强与本地主流媒体的合作；对地方化资源进行挖掘；对古籍地方文献进行数字化。

三、古籍普查常见问题与对策

关于古籍普查出现的问题与对策的研究成果有很多。如古籍责任者姓名：除个别以字号、别称著录外，一般均以作者通行的真实姓名著录;经后人注释加工,在著录姓名时,除录出原著者外,还应著录加工者姓名。关于古籍卷数:若未明确标出卷数,但正文内容已分为若干部分,可合计其卷数;多卷书中当一卷分为上中下或上下卷者,按一卷计算,卷中卷不重复计算。关于合刻、丛书子目:同一著者的合刻之书,将各书名拼合作为一个题名;不同著者的合刻之书,一一增加题名及其著者。丛书是汇集一人或多人的多种著作,用一个总名概括。关于古籍定损:一部书中每册均需著录破损情况。对于破损类型与级别相同之册,可集中著录,否则需逐册著录。未破损图书,也要著录,应著录为"未破损""不需修复"。定损页面"总件数"与"确认总定损件数"应一致。关于残本、内容繁杂古籍:要理清整套书的脉络,分卷逐册细致登记,也可利用各种工具书考证信息,以保证全面、准确。周会会和谢凯(2009)针对古籍普查档案填写,提出著录在正文卷数之后,而不需另行单独著录。当附录题名具体、内容多、篇幅长,又不能确定是否与正文同一著者时,则应单独著录书名及卷数、甚至列出考订者。著者多人或后人加工,则分情况著录。版本依据书前后序跋、牌记、题记等线索,并参考前人的版本著录。在著录印章释文时应该注意,按照前人钤盖印章习惯。

　　古籍普查中目前所使用的主要分类法有四部分类法、五部分类法、中图法、自创分类法。四部分类法为按经史子集四部分类。五部分类法是在四部分类的基础上,增加了"类书和丛书"。此外,考虑到五部分类无法分类完全,又新增了"新学",其下再列三十个小类:史志、政治法律、学校、交涉、兵制、农政、矿务、工艺、商务、船政、格致总、算学、重学、电学、化学、声学、光学、气学、天学、地学、全体学、动植物学、医学、图学、理学、幼学、游记、报章、议论、杂著。但是,上述几种分类方法在实际运用过程中仍然客观存在某些不足:如类目过细导致部分古籍准确归类困难、部分古籍的分类存在两入皆可的问题、类目概念之间理解困难、类目缺少导致归类困难等(华海燕,2014)。

　　图书馆现存古籍存在的主要问题有:古籍纸叶发黄发脆老化酸化、霉烂、虫蚀;书库无恒温恒湿设备,古籍全部裸陈于普通书架之上,无防火防蛀防腐等设施和措施;古籍专业人才缺乏,古籍人员年龄结构不合理等。付保珂(2015)结合河南农业大学图书馆馆藏特点,对1912年以前书写或印刷的以中国古典装帧形式存在的书籍进行一次摸底普查登记。在普查登记中发现古籍保护专项资金匮乏、古籍保藏条件不达标、古籍修复工作无法进行。针对图书馆古籍普查问题,龙慧(2013)提出要专门设置古籍保护建设基金,提高古籍人才队伍专业素质。加强管理和科学指导,建立了联席会议制度,改善保护条件,加快古籍数字化,宣传古籍保护知识。

四、古籍在线大数据资源

(1)国家图书馆:http://www.nlc.gov.cn/

(2)上海图书馆:家谱数据库 http://search.library.sh.cn/jiapu;古籍书目查询 http://search.library.sh.cn/guji/

(3)南京图书馆:http://www.jslib.org.cn/

(4)北京大学图书馆古文献资源库:http://rbdl.calis.edu.cn/pages/Search.htm

(5)数位典藏与数位学习联合目录:http://catalog.digitalarchives.tw/

(6)汉典:http://www.zdic.net/

(7)查篆字:http://www.chineseetymology.org/

第三节　古籍版本鉴定

一、古籍版本

《说文解字》释"版":"判也,从片,反声。""版""板"二字为古今字。"版"字作为图籍,始于先秦。《说文解字》释"本":"术下曰本,从木,一在其下。"说明"本"是树根,引申为根基、原始、本原。"本"为书籍的意思,始于刘向《别录》。还有《梁书·任昉传》:"昉虽家贫,聚书至万余卷,率多异本。"北齐颜之推《颜氏家训·书证》列举了江南本、河北本、俗本等,其中"本"就是"书"。"版本"与"写本"不同,"版本"二字连用始于宋代,当时单指刻本。元明以后,随雕版印刷术的发展和图书制作的复杂化,"版本"含义逐渐扩大,成为各本子的统称。除刻本外,还包含写本、活字本、套印本、插图本、石印本等。

　　早期古籍以金石、简牍、缣帛为载体,汉代始书于纸张。钤印和碑拓加快了印刷术的发明,由此产生了版本。版本开始指雕版印本,而后,古籍版本包括历代抄写本、刻本、排印本、拓本等各本子。古代刻印、排印及人工抄写的图书与现代出版物有较大差别,因此了解熟记古籍的版式、装帧、结构、版别、各类名称,是古籍版本鉴定的基础。版式即古籍每一印页的格式,印页各部位有特定名称。版面指每页印版的范围。有的印页版框上下栏单线,两旁双线,被称为"左右双边"或"左右双栏"。行格版面之内,用直线分成若干行。古书的一页,应指一个通页,即一正一背。在装订成册之前,是展成一页印刷的,每行有若干字。版心每页版面正中的位置,叫书口。书口是唯一连接通页面的地方。版心有黑线和鱼尾形图案,部分还印有书名、卷数、页码及本页字数。明代以前的古籍,版心下方印有刻工姓名。

　　牌记是出版者用以说明版本情况的一种专门标志,又叫牌子、书牌,或称书牌子,类似于现代书籍的版权页,是古籍版本的重要标志之一,也是古籍版本鉴定的一条重要依据。牌记主要记录刊刻时间、刊刻地点、刊刻者姓名、室名、书坊字号、版本特点以及刊刻经过。牌记不但内容丰富,形式多样,而且分布灵活,无固定位置。有的出现在序文、目录、跋之前后,有的反映在卷首、卷中、卷末,有的直接刻在版心处,还有的将刊刻时间和藏版处直接刻印在书的封面上,甚至有一书出现两种以上的牌记等。字体通常用真、草、隶、篆四种。刘红(2011)指出,版本学是古籍研究、管理必需的一门重要学科,它有着悠久的历史。版本学与目录学是同源的一门学科。版本学是目录学的组成部分,并和目录学同时产生。版本目录是一种特种目录,在书目中注明版刻的情况,有利于读者选择与识别文献。

　　我国古籍版本学的历史虽然最早可追溯到先秦,但是版本学专著的出现,还是民国时期的事情。杨钢(2011)认为1912年到1949年38年的历史时期为民国时期古籍版本学的发展打下了坚实的基础。中国古代版本学发展具有历史阶段性,历经了古籍版本学的萌芽阶段(西汉至唐末五代时期)、古籍版本学的确立阶段(宋、金、元时期)、古籍版本学的兴盛阶段(明清时期)、古籍版本学的总结研究阶段(民国初至当代)。

二、古籍版本分类

从总体看来,历代流传下来的古籍版本分为抄写本、刻印本两类。抄写本是人工抄写的图书,刻印本为采用雕版印刷或活字印刷的图书。按照写刻的不同情形,可分为写本、影写本、抄本、精抄本、稿本、彩绘本、批校本、原刻本、重刻本、精刻本、修补本、递修本、配本、百衲本、邋遢本、活字本、套印本、巾箱本、袖珍本、两截本、铅印本、石印本等。

(1)写本,为早期的古籍,依赖于抄写流传后世,雕版印刷术普及后,有读书人以抄写古籍为课业,因此传世古籍中有相当数量的抄写本。宋代以前,写本与抄本、稿本无较大区别,但宋元以后,写本专指抄写工整的图书,如明代《永乐大典》、清代《四库全书》。

(2)影写本,或叫影抄本。明清时期,藏书家为保存罕见的宋元版书原貌,雇请抄手,用优良纸墨,照样影摹,版式、字体与原本接近。其中以汲古阁毛氏影宋抄本最为著名。

(3)抄本,是由人工抄写的古籍。其中抄写精美、字体工整的为精抄本。如敦煌自晋至宋的抄写经卷中,大部分书法精美。

(4)稿本,是已写定但尚未刊印的书稿。由作者亲笔书写的为手稿本,由书手抄写、经著者修改校定的为清稿本。稿本因其多未付梓,故受人重视,尤其是名家手稿及史料价值较高的稿本,为藏书家珍爱。稿本名目较多,依据形成过程可分为初稿、修改稿与定稿三种。

(5)彩绘本,是两种及以上颜色绘写的图书。多用于插图或地图较多的图书,如民间流传的《推背图》。

(6)批校本,有些传世古籍经历代学者、藏家阅览,会留下其批语、校记,述及书的内容、版刻时代和流传情形。这不仅对考辨版本有重要作用,也提升了史料价值和市场价格。

(7)原刻本,初次刻印的图书。原刻本是针对重刻、翻刻的。一般说来,原刻本内容与形式更接近原稿,而重刻、翻刻本会出现错讹脱漏现象。原刻本特别为古籍整理者和研究者推崇。

(8)重刻本,原物已毁或早已失传,后人据原刻本重新刻印。重刻本因原本已不存,拓本稀少,甚至为孤本,具有重要价值。凡版式、行款、字体依照原刻本摹刻的,为仿刻本、翻刻本、覆刻本、影刻本;对原刻本内容进行增删校订的为增刻本、删刻本。

（9）精刻本，指校勘严审、字体工整、纸墨优良的刻本。请名人书写上版的为写刻本。

（10）修补本、递修本、重修本，指将旧存书版重新修整、补配而刊印的图书。有的书版保存时间长，历多次修补，称递修本。宋朝书版经宋、元、明三朝修补的，称为三朝递修本或三朝本。

（11）配本，将不同地区刻的书版，综合印成一类完整的书本。如清代金陵、淮南、江苏、浙江、湖北五个官方书局合出的《二十四史》，版式不同，却为同一部书。

（12）百衲本，利用零散不全版本合成一部完整的书。如《史记》《资治通鉴》《二十四史》等。

（13）邋遢本，古代书版因印刷多次，印出的书已模糊不清。如宋《眉山七史》到明代时，印字难辨，被称为"九行邋遢本"。

（14）活字本，用胶泥、木、铜、铁、铅、锡、磁、瓢制成方块单字，然后排版印刷的图书。现存最早的活字本是20世纪90年代发现的西夏活字本《吉祥遍至口和本续》。明清时期活字本较多，如《锦绣万花谷》《容斋随笔》《古今合璧事类备要》《古今图书集成》《武英殿聚珍版丛书》等。

（15）套印本，是用两种及以上颜色分版印刷的图书。常见的有朱墨二色套印本，被称为朱墨本。此外，还有三色、四色、五色、六色套印本。明代版分色套印、凹凸版压印技术，称为短版和拱花，常用于版画。

（16）巾箱本、袖珍本，指开本很小的图书，可置于巾箱之中。由于体积小，携带方便，可放在衣袖之中，又称袖珍。古代书商还刻印有一种儒经解题之类的小册子，专供科举考生挟带作弊之用，这种袖珍本则称为挟带本。

（17）两截本，书版中有一横线，分其为上下两块，也称两节本。常见于图文并茂的小说戏曲、便览大全的古籍。

（18）铅印本，近现代铅印技术排印的古籍。清道光二十三年（1843），上海成立了我国最早的铅印出版机构——墨海书馆，咸丰七年（1857）出版了最早的汉文铅印本《六合丛谈》。

（19）石印本，用石版印制的古籍，是晚清时传入我国的一种现代印刷方法。采用药墨写原稿于特制纸上，覆于石面，揭去药纸，涂上油墨，然后用沾有油墨的石版印书。石印本与铅印本均是油墨印刷,但与水墨印书的刻本有区别。且石印本多为手写软体字,易于辨认。

按照刊刻时代划分,古籍有唐五代印刷品、宋刻本、辽刻本、西夏刻本、金刻本、蒙古刻本、元刻本、明刻本、清刻本、民国刻本等类型。

(1)唐五代印刷品,唐代开始出现雕版印刷品,流传下来的多为佛经和历书,目前发现最早的一件印刷品是 1966 年在韩国庆州佛国寺释迦塔中发现的《无垢净光大陀罗尼经》,其刊刻不晚于 704 年。五代十国时期开始刻印图书,但现在能见到的也多为佛经佛像。

(2)宋刻本,两宋时期(960—1279)在宋王朝统治区域内刻印的图书。由于雕版印刷术的普及,官私刻书业极为繁盛,刻书范围已包括经、史、子、集各类图书,刻印质量上乘,被历代藏书家视为珍本。

(3)辽刻本,契丹书禁甚严,辽刻本极少流传。1974 年,在山西应县佛宫寺木塔中发现了 60 余件辽刻本,多为辽代刻经,其中有失传多年的《契丹藏》。

(4)西夏刻本,西夏建国于 1032 年,1227 年为蒙古所灭。西夏自创文字,并以西夏文刻印了《大藏经》等书。目前发现的西夏刻本多为考古所得,其中 1909 年在西夏黑水城遗址(今内蒙古额济纳旗)发现的西夏文献(现藏俄罗斯彼得堡东方研究所)不仅有刻本,还有活字本。

(5)金刻本,大致与南宋同时,在金代统治的中国北方地区刻印的图书。其中以平阳府(今山西临汾)刻书最为发达,官方设有经籍所,主持刻书。金刻本流传下来的不多,较著名的有《刘知远诸宫调》《赵城金藏》。

(6)蒙古刻本,元朝立国之前在平阳刻印的图书。基本沿袭金代平阳经籍的旧规。传世品有 1247 年刻《析城郑氏家塾重校三礼图注》。

(7)元刻本,元代(1279—1368)刻印的图书。北方以大都(今北京)、平阳为中心,南方以江浙、福建为中心。元代刻本流传较多,且有独特风格。

(8)明刻本,明代(1368—1644)刻印的图书。这一时期,无论在刻书技术、刻书形式、刻书范围等方面都远胜前代。流传下来的明刻本以中后期作品较多。明中期以后刻本有两个显著变化,一是出现了适应于印书的仿宋字,二是线装取代了包背装。

（9）清刻本，清代（1645—1911）刻印的图书。这一时期，官私刻书业均达到鼎盛。尤其是乾嘉时期，考据学兴起，学者热衷于版本校勘，出现了大批校核精审、刻印典雅的图书。现今流传的古籍大部分是清刻本。其中，康雍乾时期所刻精刻本受到学者重视，有不少被列为善本。

（10）民国刻本，"中华民国"时期（1912—1949）刻印的图书，以汇刻、翻刻历代珍本、善本居多。这一时期，影印、铅印技术已大量采用，传统的雕版印刷势渐衰微。

按照刻书地域划为，古籍可分为浙本、建本、蜀本、平阳本、外国本（日本本、高丽本、越南本）等。

（1）浙本，宋代浙江地区刻印的古籍。宋代浙江经济文化较发达，刻书量大、质量高，杭州、衢州、婺州、温州、明州、台州、绍兴等地均刻印古籍，因而又有杭本、衢本、婺本、明本、绍兴本。

（2）建本，又称闽本，为宋元明福建地区刻印的古籍。宋代福建刻书集中于建宁、建阳。建阳麻沙镇盛产榕木竹纸，易于雕印图书，因而书坊林立，一些著名书坊经宋元明三代未衰，所印图书又称为麻沙本。

（3）蜀本，五代、两宋时期四川地区刻印的古籍。以成都、眉山较发达。成都，在北宋初刻印了著名的《开宝藏》，眉山刻有《宋书》《南齐书》《梁书》《陈书》《魏书》《北齐书》《周书》《七史》《资治通鉴》等。蜀本有大字、小字两种。

（4）平阳本，又称平水本。金元时期山西平阳（又叫平水，今山西临汾）地区刻印的图书。金灭北宋以后，开封刻工来到平阳，设刻书机构，成为北方刻书中心。

按照刻书的机构划分，古籍可分为殿本、官刻本、监本、坊刻本、家刻本、蓝本等。

（1）殿本，清代武英殿官刻本的简称，印刷最精美。刻印书籍机构设在武英殿，也称殿版，以刻工精整、印刷优良著称。康熙四十三年（1704）武英殿开馆校刻《佩文韵府》，成为内府常开的修书印书机构，是清帝的御用出版机构。

（2）官刻本，亦称官版，特指官府刻印本，精美、刊印成本高。殿本是最高规格的官刻本。

（3）监本，官刻本的一种，为国子监所刻印书籍。国子监，亦称国子学,是中国封建社会的教育管理机关和最高学府。晋武帝咸宁二年(276)始设,与太学并立。北齐改名国子寺。隋炀帝时改名国子监。此后的唐、五代、宋、明、清沿用。国子监刻书始于五代后唐明宗长兴三年(932),由冯道所为。正史多由国子监校刻发行,如杭州镂版《史记》《汉书》《资治通鉴》等。明代南京、北京均设国子监,刻书数量甚多。监本精校精审,多为经史图书。

(4)坊刻本,由民间书坊刊印的版本。古代书坊源于五代,盛于北宋,南宋由盛转衰,明清坊刻本再度兴盛,主要集中在福建、江浙、安徽、山西、北京等地。以营销为目的,刻工较好,有明显的地域风格。多为小说、戏剧、医书、占卜类书和教科书。教科书因需求大,刊印次数多,初印本较精美。

(5)家刻本,也称私刻本,为私人刊印的书籍。家刻本和坊刻本有所不同。坊刻是职业刻书,具备固定厂址和条件,刻书的目的为赢利,或代人刊印,收取刊印费,或自主刊印后到市场上去流通。家刻本是自家刊刻,个人自愿出品,主要是藏书家将珍藏的或借来的稀有版本书籍,重新刊印,或卖或送。

(6)蓝本,明清时期,书籍在雕版初成后,先用红色或蓝色印刷,供校订改正,相当于"校样",定稿本再用墨印。蓝印本是雕版之后最早的印本,因此为"初印蓝本"。后来作为"著作所根据的底本"。

三、鉴别版本的工具书

在对古籍进行客观著录中,版本鉴定是古籍编目工作必不可缺的一项基础但又十分重要的工作环节。古籍版本的鉴定实际上是对古籍版本的认识过程。包括对古籍版本的感性认识和理性认识,如对古籍的字体、行款、纸张、墨色、刻书风格等外表特征的感觉。在此基础上结合理性认识,查避讳字,找工具书,分析序跋、牌记等内容,从而比较准确的鉴定出古籍的版本。江山(2010)指出书籍的形式特征是版本鉴定的重要依据。另外也可以根据书籍的题跋、藏书印章等资料信息来鉴定古籍的版本。清代著名的藏书家翁同龢在版本学上成就卓著。目前主要采用工具书鉴别古籍。

1. 利用书目帮助识别古籍版本

（1）公藏目录。

《中国古籍善本书目》，中国古籍善本书目编辑委员会编，上海古籍出版社，1986—1997年。

《北京图书馆善本书目》，北京图书馆编，中华书局，1959年。

《北京图书馆古籍善本书目》，北京图书馆善本组编，书目文献出版社，1989年。

《北京大学图书馆善本书目》，北京大学图书馆编，1958年。

《北京大学图书馆藏李氏书目》，北京大学图书馆编，1958年。

《中国丛书综录》，上海图书馆编，中华书局上海编辑所，1959—1962年；上海古籍出版社，1986年。

《中医图书联合目录》，中医研究所、北京图书馆编，北京图书馆出版，1961年。

《中国地方志综录》，朱士嘉编，商务印书馆，1958年。

《中国地方志联合目录》，庄威风、朱士嘉、冯宝琳总编，中华书局，1985年。

（2）私人藏书目录。

《读书敏求记校正》，清管庭芬原辑，民国章钰补辑，民国十五年（1926）长洲章氏刻本。

《荛圃藏书题识》，清黄丕烈著，民国缪荃孙、章钰、吴昌绶辑，民国八年（1919）刻本。

《思适斋书跋》，清顾广圻著，王大隆辑，民国二十四年（1925），秀水王氏学礼斋刻本。

《楹书隅录》，清杨绍和编，民国元年（1912）补刻本。

《皕宋楼藏书志》，清陆心源著，清光绪八年（1882）十万卷楼藏版。

《铁琴铜剑楼藏书目录》，清瞿镛编，清光绪二十四年（1898）订正校印本。

《八千卷楼书目》，清丁丙著，民国十二年（1923）排印本。

《艺风堂藏书记》，民国缪荃孙著，清光绪二十六年（1980）至民国二年（1913）江阴缪氏刻本。

《五十万卷楼藏书目录初编》，莫伯骥著，民国二十年（1931）排印本。

（3）知见书目。

《增订四库简明目录标注》，清邵懿辰撰，邵章续录，中华书局，1959年；上海古籍出版社，1979年修订重印。

《贩书偶记》，孙殿起录，上海古籍出版社，1982年重印。

《贩书偶记续编》，孙殿起录，上海古籍出版社，1980年。

《明吴兴闵版书目》，陶湘辑，民国二十五年（1936）排印本。

《明毛氏汲古阁刻书目录》，陶湘辑，民国二十五年（1936）排印本。

《明代内府经厂本书目》，陶湘辑，民国二十五年（1936）排印本。

《郘亭知见传本书目》，清莫友芝著，民国二十二年（1933）排印本。

《藏园订补郘亭知见传本书目》，清莫友芝著，傅增湘订补，傅熹年整理，中华书局，1993年。

《宋元旧本书经眼录》，清莫友芝著，清同治年间刻本，1980年。

《藏园群书题记》，傅增湘著，上海古籍出版社，1989年。

《清代禁毁书目（补遗）、清代禁书知见录》，清姚觐元编，孙殿起辑，商务印书馆，1957年。

2.利用书影图谱鉴别古籍版本

版本鉴定需要具备古籍版本学专业知识，如图录，也叫"书影"，它是利用西方传入的照相制版技术，将旧本古籍摄制样张印出。字体、版式、纸张是鉴别古籍版本的主要依据。图录与实物相对照，提高了鉴别版本的能力。利用图录也可以增加对古籍版本鉴别的感性认识。利用各种古籍书影图谱，能起到扩大视野、帮助识别版本甚至按图索骥的功用。前人所编的书影图谱大致有影刻、影印及汇集原书散页三类，举例如下：

（1）影刻。

《留真谱》，杨守敬编，清光绪至民国间，宜都杨氏刻本。

（2）影印。

《铁琴铜剑楼宋金元本书影》，瞿启甲编，民国十一年（1922）常熟瞿氏影印本。

《明代版本图录初编》，潘承弼、顾廷龙编，民国三十年（1941）开明书店影印本。

《中国版刻图录》，北京图书馆编，文物出版社，1960年影印本。

《静嘉堂文库宋元版图录》，日本静嘉堂文库编，日本平成四年

（1992）汲古书院影印本。

《清代版刻一隅》，黄裳编，齐鲁书社，1992年影印本。

《清代版本图录》，黄永年、贾二强编，浙江人民出版社，1997年影印本。

（3）汇集原书散页。

《宋元明本书影》，陶湘辑。

《文学山房明刻集锦初编》，江静澜编辑，苏州文学山房，1953年。

其他各种影印本专书如《四部丛刊》《古逸丛书三编》以及期刊、报纸中随论文、报道同时刊出的书影图片都可作为辨识版本的资料。依据藏书印可推断古籍的大体版刻年代，考查书的递藏源流，借鉴藏书家的鉴定结果，故藏书印成为鉴别古籍版本的重要依据之一。避讳是我国古代一种特有的现象，不同朝代避讳的范围、方法、特点和侧重点不同，掌握避讳的知识对鉴定古籍版本具有重要作用。古籍中普遍存在避讳字，可以利用避讳字作为鉴定古籍版本的重要依据之一，但不能作为唯一的依据。

四、版本鉴别补充说明

（1）注意从内容上考查版本，除了前面所叙述鉴别版本的常用方法外，还应注意检览原书内容。如果内容所记载的人物、事件的时代概念与作者的时代及有关版本的特征等不相符，则进一步细核，如审视版刻、纸张、印章等，避免伪造、冒充等。

（2）注意伪本。早在明万历年间就有人为牟利而不择手段进行伪造宋元本。到了清代，作伪现象层出不穷，对古籍的流传与利用造成很大的危害。胡应麟（1933）在《四部正伪》中对于伪书的种类、分布和辨伪方法等开展了全面系统的研究。

常见的作伪手法有：

以残充全，即将残缺的本子加以裁改修补，充作完整的本子。通常做法是挖改原书卷端、卷尾的原刻卷次，或裁改原书的目录（即从目录页中裁去残失部分的目录，以使现存的内容与目录相符）。因此，在鉴定版本时，除了检查全书目录和正文内容、卷次是否相符外，还须细审目录、卷首尾及版心等处是否有割裂、挖改痕迹，再根据原书的序跋、题记以及有关的著述、书目记载等来考查此书的现状是否与之相符;若有必要,可进一步做相关的文字校勘,从内容上揭示异同及其原委。

撕去序跋附录、挖改牌记版心即通过对较晚的刻本进行撕去序跋附录、挖改牌记版心的"加工",以冒充早期刻本。因此,当遇到一部书既无序跋又无牌记,除了从版刻风格、刻印特点上辨别外,一般可先查各种目录、文献,了解该书的版本系统,注意查看是否有该种版本的记述,以帮助判断。其次是尽可能将该书的各种版本放在一起核对比较,如果要鉴定的这种版本真是撕去序跋、挖改牌记,那么即使手头没有复本或此书的原刻本,亦可从该书的其他版本中看出其作伪的端倪。再次是细审原书,因为挖改添加的手法即使再巧妙也会留下痕迹,如被挖去的部分需要修补(修补用纸通常从原书卷尾的空白处割取,或另用染色、熏旧的纸),对残损的边栏行线以及卷尾、版心的文字进行描补添改等。即使有的在挖去的地方加盖伪刻的牌记从而更具有迷惑性,但只要仔细观察,还是能够辨认。

加盖伪章的情况有:在新刻新抄本上加盖前人印章从而冒充旧刻旧抄本,常与染纸做旧相结合。在抄本上加盖作者印章以冒充稿本。在过录或伪造的批校题跋本上加盖批校题跋者印章冒充真迹。对于接触古籍不多,对著名学者、藏书家与校勘家的手迹、印章不熟悉者,加盖伪章较难辨识,导致稿、抄、校本比一般刻本更难鉴别。

(3)不要盲从前人的记述。在著录古籍、鉴别版本时,我们经常参考利用前人的有关记述(如各类公私书目、论著等),但前人与我们一样,所见所闻与掌握的资料有限,或疏于考核,对图书的记述难免有片面与错误的地方。

五、古籍版本数字化及其数据库

付莉(2014)指出数字技术的发展为信息检索和共享提供了便捷。利用丰富的电子检索工具对古籍版本进行全面的搜索比对,使得古籍版本的鉴定更加准确。电子书影给古籍版本的鉴定提供了检索的广度和深度。因此,利用古籍普查为古籍版本数据库的开发提供了千载良机。古籍版本数据库是以古籍版本信息为揭示对象,通过扫描、拍照、缩微胶片等方式对古籍原本进行影像处理,以便为读者呈现古籍原貌,并提供版本研究服务。古籍版本数据库开发对象是古籍的各种版本,即古代图书的实物形态。目前古籍版本数据库有:中华古籍善本国际联合书目系统(http://mylib.nlc.cn/web/guest/zhonghuagujishanbenlianheshumuxitong)、台湾"国家图书馆"善本丛刊影像先导系统(http://rarebook.ncl.edu.tw/rbook.cgi/frameset1.htm)、学苑汲古:高校古文献资源库(http://rbsc.calis.edu.cn/aopac/index.htm)、哈佛大学哈佛燕京图书馆藏善本特藏资源库(http://mylib.nlc.cn/web/guest/hafoyanjing),东京大学东洋文化研究所汉籍全文影像资料库(http://shanben.ioc.u-tokyo.ac.jp/)、汉籍数字图书馆(http://www.hanjilibrary.cn/)。此外,还有长春图书馆馆藏国家珍贵古籍全文数据库(http://xuexi.ccelib.cn/guji/index.htm)。

第二章　古籍整理与修复

第一节　古籍数字化

一、古籍数字化的必要性

古籍容易受到战争、政治不稳定、气候条件恶劣、自然老化、藏书场所改变、人才匮乏、经费短缺等客观原因的破坏。主观原因一般是人为因素造成的,对古籍保护工作重视不够,管理制度不健全,人为损坏,以及水、火、虫、鼠、灰尘、光照、温度、湿度、霉烂、偷盗、有害气体等因素对古籍的破坏。因此古籍数字化建设刻不容缓,应以"全国古籍重点保护单位"的申报为契机,加快标准化古籍书库建设,积极探索古籍保护的新方法。

国务院办公厅于2007年颁布了《关于进一步加强古籍保护工作的意见》,之后文化部成立了国家古籍数字化中心负责全国图书馆的古籍数字化工作。工作内容主要包括落实古籍数字化经费、制定古籍数字化标准与格式、甄选古籍数字化版本、校勘数字化内容、保护古籍数字化文献、使用与营销古籍数字化成果等,以建立具有中国特色的古籍数字化模式。2016年出台的国家"十三五"规划更是将古籍整理和保护工作确立为国策,明确要求全国古籍的普查工作要于2017年基本完成,进一步推动我国古籍的原生性和再生性保护工作,并要建立国家级的古籍资源数据库,切实实施中华古籍保护计划。因此,古籍数字化是指从利用和保护古籍的目的出发,采用计算机技术,将常见的语言文字或图形符号转化成能被计算机识别的数字符号,从而支撑古籍文献书目数据库和古籍全文数据库,用以揭示古籍文献信息资源的一项系统性工作。

李洋(2015)指出古籍文献数字化非常有必要,不仅有效解决了藏用矛盾,而且有利于资源普查和推动资源利用,更有利于校勘、笺注。国内古籍数字化的研究可以追溯到1979年,历经多年的发展,在理论和技术方面的相关研究已经初见规模。古籍文献数字化的当前策略是统一机构,制定工作计划,培养数字化建设人才,保护古籍文献知识产权。梁爱民和陈荔京(2012)指出数字图书馆推广工程,可以加快古籍数字资源建设,古籍数字化资源是展示中华优秀文化的重要内容。古籍的数字化可以加强国际间的古籍合作交流,有利于国内外的学者对中华文化的了解和对古籍的永久保护。

胡良和林珊(2012)对目前国内古籍藏量较多的49所211院校的古籍数字化情况进行了全面系统的调查分析,发现东部地区比西部地区古籍数字化发展快,经济发达的地区更快。综合性大学比专业性大学发展快。各高校图书馆古籍数字化程度不同,建设的古籍专题数据库各有馆藏和地方特色。高校图书馆古籍数字化建设非常有必要:古籍文献数字化建设能够满足人们对信息知识的渴求;古籍数字化建设有利于推动高校图书馆向现代化发展;古籍文献数字化建设有助于提升高校图书馆的社会竞争力。

二、古籍数字化技术

随着网络媒体的兴起,促使因新兴技术而产生的数据成倍增长,巨大的数据标志着大数据时代的开端。杨凡(2017)指出目前的网络化技术为古籍文献数字化提供了强大的技术支撑。另外,GIS技术有着强大的空间实体定义能力和空间关系查询,在组织与管理地理空间数据方面起着至关重要的作用。GIS检索可以弥补传统的文本式检索的不足,扩大检索的方式,可以准确检索地名,减少因检索词的不准确匹配产生的误检。不仅可以获取时间、空间的直观检索集,还能实现数据统计、地图生成等功能,有利于用户更好地理解海量数据。吴茗(2016)提出在古籍数字化建设中可以利用GIS技术实现古籍的深层次开发和利用,运用空间信息技术进行显式、动态的可视化表达，全面反映历史。高娟和刘家真（2013）指出古籍数字化的技术有数字化输入技术、OCR光学识别技术、字处理技术、智能化处理技术、网络技术等。

古籍数字化是指利用现代信息技术对古籍进行数字化加工处理，使古籍的各种表现形式，转化为电子数据信息，并通过在线平台进行传播，其建设存在四个基本层次：第一层，古籍数字化建库；第二层，索引目录库建设；第三层，古籍数据的网络发布；第四层，古籍数据库的深层次加工。在古籍数字化的基础建设中包括规模测算、书目著录、扫描存储、系统、数据挂接五个重点内容。张文亮和敦楚男（2017）调查了2007—2016年的大数据，总结出我国古籍数字化领域存在6个研究重点：基本性理论、标准化体系、共建共享平台、资源管理、数据库建设、特种古籍数字化。版本是古籍全文数据库的核心元素之一，毛建军（2017）指出古籍版本数字化可以实现古籍资源利用和古籍版本的计算机辅助鉴定。其版本模式选择有四种情况：拍照扫描获得古籍影像化型；图文对照型；电子古籍定本型；古籍整理成果转换型。同理，万群和高学森（2016）认为古籍保护纸张信息系统也是古籍数字化的重要内容。古籍纸张信息是依托真实的古籍馆藏和专业的仪器设备加以实现的。修复用纸信息是在传统用纸方法的基础上，利用现代化数字技术建立起来的纸张信息档案管理系统。构建古籍保护纸张信息系统，建立更加完善的系统功能，将传统古籍修复工作与计算机技术及实验检测技术相结合，能有效地促进古籍保护、知识传播和技术传承交流。

姚俊元（2010）指出设立古籍数字化标准是古籍有效数字化的质量保证。此标准体系包括：统一概念认识，明确古籍数字化的真正内涵；统一工作宗旨，明确古籍数字化的基本特征；统一方式标准，明确古籍数字化的基本方法；统一存储格式，明确古籍数字化的技术标准；统一数据形式，对古籍数字资源进行元数据标引；统一汉字编码，完善汉字字符代码集。此外，范佳（2013）强调文本挖掘对古籍数字化也很重要。文本挖掘是数据挖掘领域的一个新兴分支，也称为文本数据库中的知识发现，是从大量文本的集合或语料库中抽取事先未知的、可理解的、有潜在实用价值的模式和知识。文本挖掘可以对海量的古籍文献进行整体分析，从而对某一时代、某一风格流派、某一作者的作品达到整体的把握。文献缩微化是图书馆、档案馆等文献收藏单位文献服务工作的重要组成部分。缩微技术与数字技术的有机结合,为古籍数字化技术注入了新的活力。在数字化时代,发挥缩微技术在文献保存功能方面优势的同时,充分利用数字化技术和网络通信的功能,从而最终实现缩微古籍的文物和文献价值的全面开发。

古籍数字化本质上是利用先进的计算机技术对传统古典文献进行整理,过程涉及相关的主体要素及客体要素。古籍数字化开发主体分为图书馆、学术科研机构、出版社、数字公司、个人、联合体等类型。图书馆是一种公益性事业单位主体,拥有丰富的古籍资源和古籍整理方面的专业人才。图书馆的古籍数字化开发主要针对本馆的特色馆藏,呈现地域性和特色化趋势。学术科研机构的古籍数字化开发主要集中在历史文献、中医文献、古典文学等方面,目的是满足自身教学和科研的需求。个人主体的古籍数字化开发选题主要集中在古典文学、历史等热门领域,满足大众对古籍的一般浏览需求。在古籍数字化实践中,出版社是一个参与主体。在古籍数字化出版的过程中,拥有专业优势的出版社是古籍数字化出版的重要主体。公司的古籍数字化是一种商业性运作模式,选题集中在一些利用率较高的专题上。联合体是指图书馆、科研学术机构、个人、出版社、数字公司等之间的跨行业的协作体。

我国在古籍数字化方面也取得了一些成绩,如已经创建了一批古籍数据库,与古籍数字化相关的应用技术发展较快,古籍数字化国际合作项目逐渐增多,引进了古典文献与计算机双学位的人才。目前的古籍国际合作项目主要有北京大学基本古籍库、大学数字图书馆国际合作计划(China Academic Digital Associative Library,CADAL)、台湾汉典文库、日本东京大学东洋文化研国际敦煌项目(InternationalDunhuangProject,IPC)等。

虽然取得了一些成绩,但我国在古籍数字化方面还存在一些亟待解决的问题:如对古籍数字化的认知度不够,古籍受众面狭窄,存在定位、选题、版本选择、数字化格式、版权等问题,古籍数字化整理难度较高,数字化工程的基础性建设滞后,古籍数字化开发缺乏标准、产品重复、利用率低,古籍原典被损坏的风险增大,数据垃圾的风险增多,古籍数据灾难发生的概率增大,古籍数字化衍生品开发程度低等。因此,有必要从技术革新、人才培养、宏观调控、司法介入等方面解决目前的困境,使古籍数字化健康有序发展。

三、古籍数字化的意义

李广龙(2015)指出在科技引领的时代大潮下,古籍数字化得以发展壮大,并不断取得新的辉煌,而且形成了一种新型的古籍存储和传播方式。古籍数字化尽管对传统阅读习惯和阅读方式造成了一定的冲击,但导引出一个新的学科门类——数字文献学。徐金铸等(2012)指出古籍数字化建设具有重要意义:有助于保护纸质古籍文献;有利于推动高校校园文化建设;能够积极促进高校教学与科研工作的提高。胡艳杰(2014)认为古籍数字化的最大优势在于其交换模式,实现资源共享。古籍数字化资源交换拓宽了古籍资源建设的途径,弘扬传统文化,促进文化均衡发展。古籍数字资源交换,可实现资源的异地备份,提高资源的安全性,有利于推进古籍数字化工作的深入开展。

信息时代的图书馆人文精神表现为"敬畏图书馆制度""维护图书馆权利""对弱势人群的知识关怀""坚持图书馆职业精神"。古籍数字化既是科学保护古籍的需要,也是合理利用古籍的需要。既可以彰显古籍文献的文化价值,又能体现图书馆人文精神。古籍数字化体现了信息技术与图书馆人文精神的融合,图书馆人文精神需要信息技术的支撑,信息技术的发展需要更加关注人文因素,让技术更好地为人服务,将人文精神落到实处。

第二节　古籍修复

中国古籍最主要的载体是纸张,但由于保藏环境和纸张交互作用,随着时间的推移,不少古代典籍或遭虫蠹鼠啮,或遇水浸风化,或祸于兵火,受到了不同程度的损毁,有的失去了原貌,有的无法翻阅。以北京大学图书馆为例,其收藏古籍约150万册,藏量居中国第三、高校之首,但是古籍保护和修复存在一些问题。主要表现在:家底不清;典藏条件恶劣;典藏制度与借阅制度不合理。修复工作也存在专业修复人员缺乏、管理制度不完善、岗位责任不明确、缺乏必要的检测仪器设备等问题。因此,急需对这些古籍进行抢救式的修复工作。

古籍修复是指对问题书籍进行修补、整理、装订、恢复原貌等。中国传统的造纸方法是先用水疏散植物纤维,同时施胶(主要用羊桃藤等植物胶)以改善纸张抗水性,然后抄纸再加压,榨出纸膜中的水分,最后进行烘干形成纸张。而古籍修补过程也是用浆水(小麦粉配制)使纸纤维疏松膨胀,将文献原纸和修复纸两纸纤维粘合,最后晾干水分,恢复纸张的平整。用传统的古籍修复方法修补古籍,对古籍的损害最低。福建、江西、浙江等一些地方生产的竹纸十分适合用于古籍、档案修复。因此,杨居让(2016)指出"划栏补字"是针对古籍中"断栏缺字"破损现象进行有效修复保护的唯一办法,是一项具有传统工艺兼具文化修养的修复方法。据史料记载,古籍修复的起源距今约有1500年的历史,现在所见最早的有关古籍修复的文字,出自北魏贾思勰撰写的《齐民要术》。古籍修复逐渐成为一门独立的专业技术,一些高校也开设了古籍修复专业,比较系统地培养修复技术人才。古籍修复主要采用中国传统手工技法,配合使用现代技术,并严格遵循《古籍修复技术规范与质量要求》,满足科学化、标准化、规范化的原则,开展修复工作。汤印华(2011)从古籍保护的视角分析古籍修复人员应具备一定的古籍知识,熟练掌握古籍修复的传统技艺,拥有灵敏的双手、良好的眼力、高超的技术及一定的文化修养,要有高度的社会责任感和认真负责、一丝不苟的工作态度。古籍修复是中国古代书籍保护的主要措施之一,可挽救濒危文献,延长文献的寿命,在保护文化遗产方面起到了非常重要的作用。

一、修复材料与工具、设备

在建设古籍修复室过程中,可以更好地培养一批高文化水平、高素质的研究型修复人才,促进古籍修复事业的发展和人才队伍的建设与完善。古籍修复室是专门建立的、有特定要求和特定设备的固定场所,从中修补破损古籍、开展古籍修复工作。古籍修复室硬件设施建设包括基础设施建设、传统修复工具和现代化修复装备的配置等。古籍修复工作的真正开展还需要软件支持,比如古籍修复人员的培养、修复室规章制度的建立、修复技法的实践和探索等。

中国古籍在纸张的选择、印刷、装帧方式等各方面都有明显的特点。因此,对其修复所用的工具、设备和材料应体现手工性和传统性。古籍修复常用工具可分笔刷类、剪锥类、容器类、压板类等。笔刷类主要有毛笔、排笔、棕刷等,多用于裱补书页。剪锥类主要有剪刀、镊子、锥子、敲锤等;容器类主要有喷壶、浆糊碗、箩等。压板类主要有压书板、压铁石等。

古籍修复常用设备有工作台、压书机、电磁炉、照相机等。工作台相当于大幅面补书板,主要用于裁纸、整理书页等。压书机用于压平修补好的书页。电磁炉用于烧水或蒸揭等。照相机是制作修复档案的重要仪器。以下为修复工具、设备及其使用材料。

(1)棕刷用于刷平被修书页。棕刷需修剪、打磨前端棕丝后,用沸水熬煮,方可使用。

(2)敲锤用于钉书眼时敲打锥子。敲锤前端用于敲打书籍孔眼,后端用于敲打装好的纸钉。

(3)木棍、钵用于调制浆糊。传统打制工具为瓷碗(钵头),木棍应选用长约50cm为宜。钵以厚重的为佳。

(4)浆糊碗用于装调制好的浆糊。每次用完后应尽快清洗干净,避免长虫发臭。

(5)剪刀用于裁剪破损古籍修补后边角多余的修补纸。

(6)美工刀用于光边,割裁多余的边纸。

(7)排笔用于涂抹较稀的浆糊。使用前需要除去离根的笔毛,吸水后使用。用后洗净,笔头朝下晾挂。

(8)箩用于过滤小麦淀粉中过大的颗粒,还可用于过滤浆糊制作完后的小颗粒。

(9)喷壶用于喷潮破损古籍,便于修复。喷出的水花应细小、均匀。

(10)木尺用于裁书页,尺子边缘一定要平直。

(11)压书板用于压平书籍。压平时上下应垫纸,避免压书板与书籍直接接触,伤及书籍。

(12)压铁石用于装订时固定书籍。压铁石不可太重或太轻。将压铁用纸包裹,防止铁锈破坏书页。

（13）锥子用于钉书眼，主要与敲锤配合。锥尖以细长为佳，以免孔眼过大影响书籍美观。

（14）书锤用于敲平书页。敲打破损古籍修补后叠加凸起的部位。

（15）锥板用于钉书眼。锥板需木质板，利于锥子打孔眼。

（16）三角尺用于测量书籍长度，以及孔眼之间的间距。

（17）裁纸板用于裁纸，或作为修复破损古籍操作板，需平整无弯曲。

（18）毛笔用于修补书页，镊子用于挑除书页或修补材料上的杂质等。毛笔为羊毫，镊子应为医用不锈钢镊子，细尖头利于夹取。

（19）压书机用于压平修补好的书页，有电动和手动两种，其利用机械压力或重量压力挤压纸张中的水分，平整书页。在使用手动压书机时，当压平书籍时上下应垫纸，避免压书板与书籍直接接触，伤及书籍。且不可将书过度压实。

（20）电磁炉与不锈钢锅一起用于烧水或蒸揭，在修复场地使用电器设备最重要的是注意防火防水防电，确保修复安全。

二、修复原则

古籍修复包括两部分的内容，一个是对破损的古籍进行修补，另一个是把古籍装修成原来的装帧形式。历代古籍的修复，都各有其时代的风格特点，既代代相传，又代代相异。古籍的修复要根据其不同的形制和用途采用不同的方法，为恢复原有的时代风貌，保存其文物价值，要进行整旧如旧的修复，为使其具有更高的艺术欣赏价值或收藏价值，须采用整旧如旧的方法，不补字，不描栏，不求全。

由于古籍修复的对象具有极高的价值和不可再生性，因此实施修复时必须要有一些原则，这些原则是古籍修复的基石和精髓所在。

1. "整旧如旧"原则

对古籍实施修复时，不能更改原来的装帧形式，修复用的纸张、材质应与原件基本相同，即修复后的古籍要尽可能与原本一致。"整旧如旧"，是指经修复改善后，尽量保持书籍原貌和装帧特色，且保存有与原书文物价值、文献价值有关的信息。"整旧如旧"是古籍修复中最重要的修复原则。修复时，尽可能对古籍原样进行保存，尤其保存不同古籍的不同特点，以及与版本价值有关的相应材料或相关信息。

2."最少干预"原则

"最少干预",就是对古籍的修复要始终控制在最小范围内,对古籍的历史信息最少干预。这是非常重要的原则。如对破损很小的古籍,要少修或不修。珍本古籍修复不应是稍有破损即行修复。古籍修复有时难度很大,修复工序繁多,修复不当,会造成越修越坏。蝴蝶装、硬面包背装的古籍拆开重修容易造成损伤;修复所用材料(如粘合剂)会使原件受损;对原件实施修复一次就将使原件的画面等受损一些;修复过程中因操作失误而使原件受损等。修复撕裂较严重的书页时,若纸张保留着很好的强度,仅用窄纸条补好撕裂部即可。

3."抢救为主、治病为辅"原则

此原则是根据破损程度,将古籍按轻、重、缓、急,科学合理安排,优先修复那些毁坏严重、濒临灭绝的古籍。不仅解决了破损古籍修复的先后问题,而且使修复工作由无序变为有序。"抢救为主、治病为辅"原则在于对文献原状的保护,最大限度地保持文献的所有信息。

4."修复可逆"原则

"修复可逆"原则是指采用的修复技术和使用的修复材料在必要的时候可拆除、取消、更换,但不损伤古籍。"修复可逆"最主要是修复材料可逆,即使用的修复材料性状不会发生变化,易取下、更新。"修复可逆"原则不会对古籍的原始信息造成不可逆的变化,极大丰富和发展了古籍修复理论,有利于古籍保护和修复实践。

5."有利保护"原则

古籍的修复不能太随意,修复人员都要经过专门培训才能进行修复,同时修复过程中要做到各个环节都符合古籍保护的要求。如粘合剂会对纸有损伤,则尽可能采用补的方法修复。去污时因化学试剂会对纸有损伤,则尽可能用清水去污。机制纸含酸较高,即使作书籍的衬纸也不应使用。托补用纸的选择须考虑到再次的修补。

三、修复技术

古籍修复是一门手工操作的工艺,其修复技术主要包括修补、托裱、揭裱、去污四个方面。

1. 修补技法

古籍常因使用保管不当而破损,如撕裂、虫蛀鼠咬等。古籍修补即用与需修文献的纸质、颜色、厚薄相同的纸将破损处修补好,使其完整无缺。修补技能是古籍修复中最基本、最重要的技能,是学习古籍修复必须掌握的一项主要技能。具体包含下列技法:

溜口技法:用棉纸修补开裂书口的方法。基本步骤:铺放书页、抹浆、溜口。除修补书口外,还可用于修补破碎过多的书页。操作要求:浆稀稠适当,溜口处不缩皱,平整洁净。拼缝处平整密缝,无皱褶。开裂处无搭茬或上下错位。书口折叠后无起刺、无喇叭口。书页修补后无水渍印。

补洞技法:用修补纸将被虫蛀鼠咬等造成孔洞的书页修补完好。操作步骤与方法:去污、抹浆、上修补纸、撕补纸、抚平排放。操作要求:用浆稀稠合适,修补后页面平整无皱褶、不变形,平整洁净,无水渍印。修补纸与洞口接缝约3mm。且毛茬相粘,正反面安放正确,即修补纸正面粘贴在书页背面。修补纸与原件包涮协调,深浅适宜。

挖补技法:也称"搓补",对原件拼接,或对原被挖款、移动印记的部分作恢复等,都可使用挖补的方法进行修复。操作步骤与方法:搓口子、抹浆、补拼、搓余纸。凡经挖补的裱件托裱后,不能立即上板绷平,那样容易崩裂。应先晾干,再洒水闷润,上板绷平。操作要求:幅面修补平整,无皱褶、无变形,无搓破、搓薄的现象。如补上去的纸为空白,则其纸纹与原件纸的纸纹须一致。挖补处不显移补之迹为最佳。

2. 托裱技法

当古籍原件被风化焦脆、发霉发酵,纸纤维无韧性,或虫蛀孔成片时,或装裱拓片、信札、书法墨迹时,均需托裱修复。托裱后裱件平整,无皱褶。用浆应稀稠适当,托裱后裱件柔软且无脱壳(重皮),幅面字迹无跑墨烘色现象。

托裱有湿托(也称直托)、飞托(也称干托)、覆托(也称搭托)技法。采用托裱方法修补的书籍,书页纸硬发挺,且易虫蛀,因此在古籍修复过程中,能用修补或衬纸的方法修复书页,则尽可能用修补或衬纸的方法修,要尽量少用托裱的方法。有些裱件托裱后不宜上壁绷平,如破烂程度大的裱件或原已托过裁方的心子等,可采取"空绷辟"的方法。用于书法墨迹的装裱材料多种多样,托裱之前,先要弄清原件的材质及色彩,按不同的类型,采取相应的托裱方法并注意操作方法。

3.揭裱技法

有些古籍因年代久远、保管不善等多种原因,如受潮霉变、粘结成块等,需要将纸张一页一页揭开或将原来的托纸揭去修复。揭裱技法有两道工序:一是将原件揭开或将原先修裱的托纸揭去。二是将原件重新进行修补托裱。揭裱有干揭、湿揭两种方法。粘连不太严重或者因原有浆糊失效而产生重皮现象的书页,可用镊子或竹起子等工具小心地一页一页揭开,是为干揭。如果文献纸张粘得较牢,可采用湿揭的方法。采用湿揭技法修复文献,需加倍小心,操作前首先要观察原件的质地、破损程度、画面是否会褪色等情况,然后确定揭裱方案。

采用揭裱修复应注意:揭前需先在小范围内试揭,了解揭的难易度;揭时从无字空白处开始揭,以免损坏或弄脏原件;搓揭切忌无序和厚薄不匀;间断揭裱时用塑料薄膜盖好,防止水分蒸发,原件起翘。修补托裱上的纸要比原件稍浅一些,切忌颜色不一致。因揭裱时,原件上含有水分,因此托裱所用的浆糊要比一般修补所用的浆糊稍稠一些。古籍最好少揭裱或不揭裱,因为揭裱要经历热水闷烫、清水淋洗、化学药品洗霉去污和修补等多道工序,不仅耗时,还会损伤古籍。

4.去污技法

古籍在翻阅、保存、转移过程中,因为种种原因会产生诸如水渍、霉斑、灰尘、油点、墨迹等脏污现象,可采用去污修复。

去污方法有很多,如喷水法、刷洗法、淋洗法等清水去污方法。有些古籍上的小污点,如蝇屎、较浅的圆珠笔印、墨印等,可以用锋利的小刀轻轻刮去这些印痕,即刀刮去污。对于水斑严重或是有油斑、霉斑之类的古籍,可用化学试剂来清洗,常用试剂有碱、高锰酸钾、草酸、漂白粉、双氧水等。

在进行去污工作之前,首先须辨明原件是否会有脱墨洇染的情况,纸质是否已变酥。使用化学试剂去污时,因有些化学试剂对纸质会起破坏作用,不利于古籍长久收藏,因此非必要时尽量不要采用这种方法。同时去污时要根据配方按比例配制洗污溶液,不可用量过多、漂洗时间过长,珍本古籍等不宜使用化学试剂去污。古旧的纸质古籍原件去污,要掌握修旧如旧的原则,保留由于年代久远、自然形成的特殊质感。

古籍修复工作包括提取待修复古籍、制订和审核修复方案、实施修复操作、验收修复成果与修后古籍入库等,涉及古籍基本信息、破损信息、过程描述、实物样本等各种修复档案与信息。从目前古籍修复的行业发展现状看,利用计算机技术对古籍修复工作进行管理、促进古籍修复工作管理的科学化与自动化,将成为古籍修复行业发展的趋势之一。古籍修复管理系统要具有提取待修复古籍、制定修复方案、审核修复方案、修复过程管理等功能。系统的拓展功能有:修后监测功能、远程审核功能、知识仓库功能、外包业务管理功能、其他特藏文献的修复管理功能。古籍修复管理系统设计的实现将对提高古籍修复工作效率、促进业务交流、实现知识共享、推动行业发展具有重要的意义。

四、修复档案

潘健(2015)提出古籍修复工程需要建立档案。修复档案为纸质文献保护的重要部分,是古籍修复工作的重要记录,对研究纸质文献具有极高的参考价值。修复档案通过文字、影像资料等记录古籍修复前、过程中、修复后三个时期的基本信息,记录修复工作的利弊得失,为后人把握古籍原貌,开展可逆修复,总结经验教训,提供了第一手的珍贵数据。宋世明(2012)指出古籍修复档案是古籍保护修复的重要依据。古籍修复档案是指古籍修复人员在对古籍进行的修复过程中所形成的,对古籍修复情况进行全方位记录的,且具有保存价值的文字、表格、图片、音视频、实物等各种形式和载体的历史记录。古籍修复档案应由六大部分内容组成:古籍的基本情况、修复方案、修复经过、修复前后图片和视频资料、修复质量鉴定和修复经验总结。

一份完善的修复档案是修复信息的全面记录。面对大量需要一般修复及深度修复的古籍,应实行分级的修复档案管理。复旦大学图书馆古籍修复档案的建立,采用分级管理方法,分为"古籍修复登记表""古籍修复档案""古籍修复工作报告"三种形式。根据2006年文化部颁发的《古籍特藏破损定级标准》,对于四级及以下破损程度的普通古籍,仅填写"古籍修复登记表";对于四级及以下破损程度的善本古籍、三级及以上破损程度的普通古籍,则填写"古籍修复档案";对于三级及以上破损程度的善本古籍,或具有代表性的一级、二级破损程度的普通古籍,需完成"古籍修复工作报告"。计划每1至2年完成一份"古籍修复工作报告"。

第三节　古籍整理

一、古籍整理概述

古籍承载着中华民族的传统文化,凝聚民族的智慧,是人类文明的重要财富。但是古籍在长期流传的过程中,由于政治、战争、兵燹以及水厄、火灾等原因,还有因为古代书籍制度、书籍生产、流通过程的问题,致使历代积累的大量古籍或散失,或残亡缺阙,或真伪杂糅,或以假乱真,或窜改、抽毁、脱漏,大批古籍在不同程度上出现了不少讹误。我们应注意到现存古籍是一定时期思想文化、语言文字和物质载体的统一体。随着社会的结构、制度及意识形态的变化,尤其是语言文字的发展,使后来的读者在阅读古籍时产生了一些理解上的障碍,妨碍了人们更好地利用古籍。因此,古籍整理工作在今天有着特别重要的意义。

赵小丹(2014)调查辽宁省高校图书馆藏古籍整理与开发现状,发现高校图书馆多未进行古籍整理与开发,且仅限于版本鉴定,将古籍原文影印出版,而并未真正进行校勘、标点、注释等整理加工。古籍资源的主要特点:首先现存古籍中原稿数量非常有限,只有少量明清著作还存有原稿,而明朝以前的古籍原稿存量非常少,所以大多数古籍无法应用现代技术进行排印、校对,只能通过专业的古籍整理技术按照既定的工序进行整理出版。其次,古籍资源存在诸多错漏。最后,流传至今的古籍多数不止一种版本,不同版本的内容可能存在出入。因此,开展古籍专题文献整理工作是古籍整理工作发展的趋势,亦是"中华古籍保护计划"项目实施后的阶段性整理成果,是当代图书馆古籍服务工作的需要。我国已整理的古籍专题文献主要有两种表现类型:已整理出版和已整理建库。

古籍整理是对古籍本身进行审定、校勘、标点、注释、今译等,从而让后人读懂和利用。随着古籍数字化进程的进一步加快,互联网上出现了大量的免费古籍数字资源。免费古籍数字资源的利用为古籍网络化整理提供了新的路径。申利(2012)指出利用在线书目检索系统,可以提高古籍版本考证的效率和精准度;利用数字化资源,提高古籍辑佚、校勘的效率;利用数字化资源,可以提高古籍注释效率。如中国国家图书馆的在线目录检索系统在古籍著录方面应更加详细、完备。李明杰(2015)列出古籍整理范式有四种类型:古籍文本的复原性整理、古籍语义的解释性整理、古籍内容的组织性整理和古籍实体的保存性整理。

古籍整理在农业古籍、西文古籍、民族古籍等特殊古籍保护中具有重要作用。民族古籍是少数民族人民宝贵的精神财富,也是中华民族灿烂文化的重要组成部分。整理民族古籍,要重视民族古籍翻译的科学性。民族古籍的翻译应遵循完整性原则、真实性原则、准确性原则、语言特性原则、时代性原则、实事求是原则。要选择具有重要学术价值和实际应用价值的民族古籍做翻译底本;要优先选择能够反映各民族特点的古籍作为翻译底本;在相同或相近的版本中优先选择年代久远、书写工整、全书完好的民族古籍作为翻译底本。西文古籍作为人类文明的共同财富,具有重要的学术和史料价值。西文文献的整理开发可以遵循以下标准:年代标准、内容标准、首版书、形式特征、珍视限量版或者稀缺版。在古籍整理出版过程中应重视异体字。对于全同异体字,宜尽量统一成一个字形,将不常见的、字形怪异的改为常见的规范字。对于部分异体字,我们要注意针对其音义之间互有交叉又不能覆盖的特点予以区分对待。古籍中还存在有相当数量的讹误异体字,即部分字长期被错误书写,渐渐发展成常见态势。

古籍网络化整理,或叫古籍智能整理,是在计算机网络环境下,利用现代化信息技术的全新古籍整理方法、思想和策略,包括古籍的宏观整理网络化、古籍数字化过程的网络化、古籍内容的网络化整理、网络化的古籍出版、云计算与古籍整理、出版的网络化。但互联网络的飞速发展及数码电子产品形式的多样化引发了古籍整理数字作品侵权、盗版行为的大量产生。古籍整理数字作品若要纳入版权保护范围需要具备:古籍整理数字作品必须是人类的智力成果;"独创性"是古籍整理数字作品享有版权的必要条件;古籍整理数字作品必须是能够被他人客观感知的外在表达。

古籍整理工作仍然存在许多问题:古籍整理工作质量普遍不高;古籍整理难以避免功利色彩;古籍整理缺乏权威的评议小组;古籍整理"现代诠释"不足;古籍整理工作中数字化、信息化等科技手段的运用严重滞后;版权问题。针对这种情况,古籍整理工作应加强以下方面的工作:对古籍的存放、统计和分档进行规范;加强人才队伍的建设,不断创新古籍整理方式;推进古籍整理工作数字化进程,成立专家评议小组,增强古籍整理权威性,推动古籍的"现代诠释"。

古籍整理意义重大,不仅能继承和弘扬中华民族优秀的传统文化,而且能为古籍整理培养专门人才,为社会发展提供基础信息和历史资源,弘扬优秀传统文化。古籍数字化是古籍整理未来的发展方向,需培养一批高素质古籍整理专家。

二、古籍整理方式

古籍整理是为了保存原书的内容,并在此基础上进行加工,使之便于阅读、理解和利用。在现存古籍原貌基础上,整理工作的方式主要有影印、校勘、标点、注释、今译、索引、编目等。

1.影印

为了呈现善本或罕见本原貌,或使一些古体字多、铅字排印困难的书籍得以流传,影印是一种可取的古籍整理方式。早期对古籍进行原样翻刻,叫"覆刻",也称"影刻"。20世纪20年代,兴起摄影后制成珂罗版印刷。现在,影印本在古籍整理工作中已占有相当位置。

2.校勘

校勘是古籍整理中非常重要的方式和最基本方法,即搜集一种古籍的不同版本,比较文字语句的异同,审定其中的正误。校勘是辨析古籍中的误字、衍文、脱文、错简等,目的为审校古籍中的舛讹,判定是非,从而恢复或接近作者原意,利于作品的正确有效传播。校勘是一个去伪求真的过程,陈垣提出的校勘四法理论体系,即对校法、本校法、他校法、理校法,被学术界奉为圭臬,对校勘工作起着重要指导作用。因此,校勘是指改正文献在形成、流传、学习利用过程中,因故出现的字句篇章上的各类错误,使之恢复、接近原文献的本来面目。在古籍整理的断句、标点和校勘这三项最基本的活动中,校勘是最为关键的一环。

3. 标点

中国古籍既不分段,也没有标点,但极为重视章法层次、起承转合。这种"白文"书籍,阅读不方便,因而分章断句成为阅读古书最基本的功夫。古代学者在抄书写书时,顺手记上一些断句的符号。近年来,从一些新出土的简牍中可以看到,古人读书、写作时曾试用一些符号,来解决断句和标点的问题。现在使用完备而系统的标点符号去标点古籍,可以使古人表现在文章中的内容和感情等更加明确,而将整篇的文章理清其段落,分行另起,也使得文章的内涵更易于为读者把握。

4. 注释

古籍语言文字由于时代不同,造成古今沟通的障碍。社会的变化也是形成古今隔阂的一个重要原因。历代的典章制度、职官名物以及天文地理等古籍,今人不易了解,因而就有必要对古籍进行注释。注释起源很早,汉代学者已觉先秦古籍深奥难解,纷纷为各种经典作笺注。清代学者以严谨的态度、科学的方法,对各类古籍都进行注释,形成了古籍注释的高峰。现代对古籍的注释是在继承前人成果的基础上进行的,大致可分为两类,一是学术研究性质的注释,如余嘉锡的《世说新语笺疏》、杨伯峻的《春秋左传注》等,这些注释功力深厚,不乏独到见解,或多年研究心得,具有很大的学术价值。在体式上,袭用旧式,多用集解、集注、校注、疏证等。另一类是普及性的注释,它面向普通大众,服务的对象是非古籍相关专业的人员,以选注、简注、译注的形式来注解,帮助他们更好地了解中国古代文化。

5. 今译

古籍均为文言文,包括日常生活中的信札、公文等。在清代以前,几乎没有古文的今译,最多是在注解中对难懂的句子进行串讲。五四新文化运动,倡导语、文合一,白话文开始流行,并最终取代了文言文。把古籍全篇的内容用白话文翻译过来,就可以使读者畅通无阻地阅读,而不发生停顿中断的现象。可以说,古文今译是注释的进一步延伸。注释是局部的,而今译则是整体的;注释是分散零星的,而今译则是完备全面的。注释是译文的基础,译文是注释的发展,两者相互依赖。古文今译是一项严肃缜密的学术工作,是对校勘、标点、注释诸环节的全面检验。古文今译还要求译者具有良好的文笔,必须在忠实于原书的前提下,译得流利畅达,典雅有致,并且要符合原作的风格。"信""达""雅"这三个翻译的标准,对于古文的翻译同样是适用的。为了使读者能够在译文的基础上进一步提高阅读原文的能力,应该提倡译注并行的方式,先对原文作浅显易懂的注释,再附以今译,这样,读者既能毫无阻碍地理解古籍原意,又可对照译文,参考注释,进而品味原文。

6. 索引

"索引"一词,来源于英语的"index",日本译为"索引",遂为我国学术界所承认。清代编制过索引性质的工具书,如"韵编""检字""检目""通检"等。索引一般被定义为"根据一定的需要,把特定范围内的文献资料中的有关款目(如字词、句子、人名、地名、书名、篇名、事项等)摘录出来,注明出处,然后把这些款目按某种排检法编排,供人查考,这种检索工具便是索引"。为古籍做索引大体始于明清之际,如明末的著名学者傅山编制了古籍索引《春秋人名韵》《春秋地名韵》《国策人名韵》。目前不仅要对重要的古籍编出完整的人名、地名、篇名、字句等索引,而且从长远的角度考虑,应编写分类索引,依照科学的图书分类法依类编排。

7. 编目

编制目录是古籍整理的重要方式之一。目录是著录、揭露和评论图书的工具,是宣传图书和考察图书的工具。中国的目录学源远流长,有文献记载殷商时期就存在目录编制。据殷墟穴窖出土的甲骨尾、背上刻有"入""示"及一些数码,是保藏人所记,这些记号和数码,与目录相符。西汉末年刘向、刘歆父子因校书而著《七略》《七略别录》,并在中国学术史上首次编制出系统的综合目录。东汉以后,逐渐出现了史志、官修、私人、专科及特种目录共同发展繁荣的局面。

8. 辑佚

书籍在长期流传过程中,由于社会政治、书籍制度、人为与自然的种种原因,屡遭厄运,使记录文化的很多重要典籍散失殆尽。搜集整理散亡的书籍,将散见于其他各类文献中的零篇断语、完整的篇章,全部辑录出来,汇集编排,以尽量恢复原书面貌,这就是辑佚。狭义的辑佚指辑佚书,广义的辑佚,还包括辑佚文,即原书尚存,但有脱失和残缺,将其佚文辑录起来以补原书的不足。我国从宋代开始就注重对亡书的辑佚工作,到元明时,辑佚的活动和范围也有所拓展。

9. 辨伪

我国古籍在长期流传过程中,一方面由于前面曾提到过的政治、兵燹战乱、自然等原因,使书籍流亡殆尽,失传甚多,后世复出之书,难免有错误,同时古人著书立说,或好古以追慕古风,或邀金求赏,或诋非他人,或欲以先圣先贤之名行世而有意作伪。因而,古代伪书充斥文、史、哲、经、医学、科技等各个方面,鱼目混珠,真伪莫辨,使后世之人难窥历史真相。考订古籍内容记载上的真伪,以及有关的著者、年代等问题,都是属于辨伪的范围。辨伪是廓清事实、阐明学术源流的重要基础工作。

三、古籍整理意义

1. 为人类保存珍贵的文化遗产

图书馆作为公共文化机构主要保存人类的文化遗产。古籍为人类文明的历史记录载体,通过古籍可以穿越时空,了解历史、学习历史、研究历史。如中国国家图书馆收藏有北宋初年的刻本《开宝藏》、金刻本赵城《大藏经》、文津阁《四库全书》、北魏太安四年敦煌写经《戒缘》;上海图书馆收藏有南宋蜀刻唐人集《杜荀鹤文集》、北魏神龟元年写本《维摩诘经》、宋拓《郁孤台法帖》《淳化阁帖》《风墅帖》;北京大学图书馆收藏有200多卷敦煌卷子,内容包括佛经、戒牒、历书、变文等,成为敦煌学的宝贵文化遗产;南京图书馆收藏有宋刻《蟠室老人文集》、清初顾炎武手稿《天下郡国利病书》等。

2. 为学术研究提供文献史料大数据

中国海量古籍,是一个取之不尽、用之不竭的文献大数据。各馆的古籍整理工作基于馆藏古籍,为古籍学习、研究提供了资料保障。大型的古籍联合目录《中国丛书综录》收录了全国41个图书馆所收藏的2797部古籍丛书;《中国地方志联合目录》收录了全国190多个单位收藏的地方志8200多种;《中国古籍善本书目》收录了781个单位的藏书6万余种,约13万部。这些大型的科研项目,主要是依靠图书馆古籍整理工作而完成的。全国高等院校古籍整理研究工作委员会自1980年成立后,开展了许多大型的古籍整理项目,如《全唐五代诗》《全宋诗》《全宋文》

《全元文》《全元戏曲》《全明诗》《全明文》《清文海》等，被称为"七全一海"，这些古籍整理项目的完成与馆藏古籍资源密切相关。

3.为经济建设提供信息咨询参考

古籍文献中包含大量有价值的信息，对于今天的经济建设具有重要的参考指导作用。在古籍工作的实践中，古籍为区域开发提供了重要信息。贵州省图书馆为推动当地旅游业的发展，专门辑录了黄果树瀑布风景区名胜古迹专题的古籍资料，包括人物介绍、历代咏歌、溶洞的诗词文赋等。

4.可培养古籍整理专门人才，为广大读者提供文化、历史和时代教育

图书馆需要古籍整理的专门人才，而古籍整理工作是培育古籍整理专门人才的摇篮。图书馆古籍工作既需要书本的知识，更需要从实践中进行学习，如古籍及其版本的鉴定、数字化、保护措施、修复方法等。既需要间接经验，更需要自己的直接探索经验。因此，图书馆古籍工作本身就是一个不断实践、不断学习、不断提高的过程。

中国是世界文明古国之一，古籍是中国数千年文明发展见证的文化遗产，也是各民族所创造的辉煌灿烂文化的结晶。除众多的汉文文献外，还收藏了满文、西夏文、古藏文、蒙文等少数民族文献。同时，中国各大图书馆中还保存有世界各国历史文献，如中国国家图书馆保存有马克思致女儿燕妮的书信和恩格斯致拉法格的书信；上海图书馆保存有原徐家汇天主堂藏书楼的西文宗教文献，这些资料都将有助于了解世界文明的发展历史。

第三章　古籍出版与保护

第一节　古籍出版

一、相关学科

中国近代古籍生存状况堪忧，文化传承面临困境。为传承文化，出版机构大量刊印古籍，在民国时期出版的众多古籍之中，最为人所喜爱，影响最为深远的古籍有三部：《四部备要》《四部丛刊》《丛书集成》。各出版机构大力网罗我国历史上的重要文化典籍，收录编辑成书，对古代文化典籍起到了保护作用，为后人的学术研究与文化教育提供了重要的资料。古籍出版是历史文化传承和传播的重要手段之一，目前古籍出版与古籍版本学、目录学、校勘学、图录学等密不可分。

各民族版本学的内涵、内容、对象、任务不同，汉文有旋风装、蝴蝶装、卷轴装，彝族有封底布包式卷装。少数民族古籍纸质类型丰富，有藏纸、纳西族东巴纸、傣纸、和田纸等。这些都是古籍版本学的重要内容。

目录学的出现是一个民族古籍发展到一定数量、一定规模的结果。只有形成规模的民族古籍才会出现目录学。在我国少数民族古籍中，目录学最丰富的是藏文古籍，早在吐蕃时期，藏区就出现了《旁塘目录》《丹噶目录》《钦普目录》三大目录。

校勘是根据不同的版本或其他资料，比较异同，进行文字考证、订正的具体工作。校勘学是建立在多种丰富多彩的版本基础上的。我国南方大部分民族古籍,如彝文古籍、纳西东巴文古籍、壮文古籍、傣文古籍、水书古籍多为手抄本,其版本优劣的判断需要校勘学。

二、出版要点

文字、标点和编辑加工是整理出版古籍图书的三个重要过程。整理古籍必先识字,需要结合上下文语言环境、结合整个词或句子,从形、音、义三个方面仔细辨识。古籍线装书绝大多数是没有加标点或句读符号。标点断句是以文字的正确可靠为基础,古籍整理图书的通常做法是先校勘,后断句。通过周密细致的校勘工作,把古籍在长期流传过程中产生的讹、脱、衍、倒等问题,用改、补、删、乙等手段予以纠正,然后才能进行标点断句。还要根据图书性质和读者对象,周密细致地编辑加工,才能确保古籍整理图书合格。

在古籍整理出版过程中,异体字数量繁多,面目古怪多变,尤其是稿本、抄本中,更是一字多形,层出不穷,编辑根据语境和异体字的具体情况予以区分对待,对于全同异体字,宜尽量统一成一个字形,将不常见的、字形怪异的改为常见的规范字。对于部分异体字,针对其音义之间互有交叉又不能覆盖的特点予以区分对待。讹误异体字,一经发现,编辑一定要立刻改回为正体字。同时,还要注意异体字应予以保留的特殊情况。

古籍插图是插附于书刊文字间的特殊图画形式,文艺作品的插图具有特殊的艺术和审美价值。中国古籍图文关系的基本特点可以概括为"图文互融"。古籍插图的出版价值在于:书籍插图的产生与发展推动了书籍版式的变化,消除了纯粹以文字为规范内容的枯燥感,有助于图书信息的传播,有利于推动图书消费与再生产。

影印出版是古籍整理工作中最基础和极为重要的一项工作。古籍影印图书出版首先要开阔思路,挖掘选题。其次选择好的底本,提高图书的出版价值。

编辑是图书出版流程中书稿质量的主要把关者。大型古籍整理项目一般在编纂之初就会制定一个编例,说明图书的内容和编纂体例,作为图书编纂的依据和标准。编辑要吃透编例,并以出版的要求进行统一、规范。古籍版式较复杂,编辑要弄清整套书各部分之间的层级关系,同一级别的标题的字体、字号、占行等应统一;辅文的字体字号、是否接排、是否另页等应全套书统一;校记和眉批的位置、字体、大小应统一。编辑要在审稿中把握书稿中是否存在简繁体混用、误用异体字、繁体字使用错误等问题。为此,编辑要熟悉《中华人民共和国国家通用语言文字法》《出版物汉字使用管理规定》,并且要依据统一的标准,利用字表对所整理古籍的用字进行规范。

一般来说,古籍出版按出版目的、出版形态不同可分为影印本、研究本和普及本。编排体例分校注、译注或综合运用影印译注。影印本是以保存古籍原貌为目的,使用现代印刷仿真技术,保存古书原有的版式、行款,恢复古籍的原貌。普及本是以文化普及为目的,编辑出版的民族古籍。建立民族古籍目录,科学选定底本,创新出版体例,熟悉民族信仰习俗,是民族古籍编辑出版的基本路径。

三、古籍数字化出版

古籍电子文献出版应市场化和公益化运作互为补充,数字出版主要有两种模式:一是先有传统出版物,再做数字出版。二是在数字出版平台的内容基础上,实现多产品形态的生成和跨介质的产品发布,即"实现一次生产、多次发布的目标"。古籍数字出版与古籍传统出版应相互合作,彼此促进。古籍电子文献出版的目的是古籍保护与利用。从古籍整理学的角度来看,古籍电子文献出版实际上是传统校雠学的信息化过程。古籍电子文献有很多优势:覆盖空间广,发布时间长,具有环保性;信息传播量大,资源利用率高;超链接的阅读环境,如同大型的"资料库"。

数字化出版是古籍出版的必然趋势,在数字化传播日趋成熟的今天,古籍数字化出版已成为必然趋势。但在古籍数字出版领域中,图书出版社、数字技术提供商和图书馆(或学校、研究团体)为三方主体,他们在古籍数字化出版中各拥资源、各具优势,相互依存,相互作用。最终这三方将成为古籍数字化出版的联合主体,形成以数字出版转型后的图书出版社为主导的全方位互动合作。数字化时代古籍出版建成了一批书目、全文数据库;制作了大量古籍光盘;建成了一批专门网站。

汉字处理是古籍数字化出版的基础,汉字处理是古籍整理与数字化出版结合的重点,汉字处理对推动古籍数字化出版的深层发展具有重要意义。当前古籍数字化出版中汉字处理还存在一些问题,如数字化重复建设,影响汉字处理质量;对古籍汉字缺乏系统整理,影响信息检索准确性;古籍字库建设滞后,影响数字化质量提升;古文字独立编码缺乏,制约古籍数字化进程。因此,古籍数字化出版中汉字处理应立足于发展现状和需求结构,分层次开发古籍资源;系统整理古籍版本及用字,建立古籍版本数据库;系统有序地整理不同层次的古籍字形,建立大型字料库;在汉字处理基础上,进行汉字独立分级编码。

古籍数字出版能最大限度地实现传统文化的传承。古籍数字出版能促进中国文化与世界文化的对接,能突破古籍图书发行瓶颈。数字出版背景下的古籍编辑不仅需要具备传统的文字编辑能力以及数字媒体开发和应用技术,还得懂得出版流程。

古籍出版困境的关键,在于主动应用新技术,实现出版模式创新。云平台为古籍出版带来了新观念、新模式推动古籍出版向无库存、无退货、无欠款的方向发展。云出版作为一种全新的业态,是对出版业的一次根本性变革,其整合了产业链,实现了流程再造,低成本运营,弥补了技术短板。云平台丰富的资源与灵活的服务,增强了数字出版按需服务的能力,促进集成化,减少额外处理。云时代古籍出版应以内容生产为核心,提供优质产品;以数据挖掘为支撑,拓展个性服务;以多元出版为渠道,发挥长尾优势。

古籍数字出版权利制度的构建是古籍数字出版著作权保护的保障。古籍数字出版过程中古籍整理成果和古籍全文数据库的保护问题,需要不断加强法律保护力度和增强古籍数字出版人员的著作权保护意识,加强古籍数据库著作权保护,采取一些适当的版权技术手段,实现对古籍数字出版本身的知识产权保护。云出版充分意识到现有数字出版中存在严重的版权问题,因此建立了独有的版权保护机制,通过技术手段加以实施保护。

四、古籍出版社

古籍出版是一个古老且具有传统优势的领域,以民国古籍出版为例,从出版方式上看,民国时期的新出古籍丛书主要有雕版印刷、影印和排印三种类型。从刊刻主体来看,民国时期的雕版古籍丛书主要以私刻为主,坊刻与官刻古籍丛书相对稀少。民国时期的古籍丛书影印主要指照相石印,可以完整地复制或再现古籍样式和版本特征,成为民国时期古籍复制暨大型古籍丛书出版的重要方式。照相石印有原样影印、缩印、对原书行格重新剪切拼接后重印、将原书内容重新抄写后再摄影缩印四种模式。民国时期的活字排印本主要是指铅印本,铅字排印体现出一定的优越性,而在形式上,民国初期的铅印古籍丛书大多完全模仿雕版古籍的装帧方式,使得其版面构造、行款、装帧等与雕版古籍一致。民国时期出版的古籍,对当代古籍出版的贡献,体现在四个方面:一是作为出版资源,直接翻印,即影印原书或重新排印出版。二是作为新出版古籍点校的底本和校勘本。三是可以借鉴民国时期古籍出版的选题思路做当代的古籍出版。四是为古籍数字化提供底本。

2014年古籍整理出版行业迎来了又一蓬勃发展的大好时机,涌现了大批优秀作品。大型总目、工具类、典藏类古籍图书大幅减少,而地方文献、区域研究资料整理、海内外馆藏文献及专门性研究史料的整理受到极大关注。随着古籍出版社的发展,专书、专门史研究史料成果大量涌现,抗日战争史料逐步整理面世,日记的整理研究受到重视,最有收藏和史料价值的佛教文献出版,戏剧、书画、音乐文献硕果累累,域外汉学的译介、研究类论著力作频出。四川大学出版社的古籍出版依托高校学科优势,打造专业化品牌,尽可能地挖掘地方的独特资源,对地方的优秀古籍加以整理出版。经过对古籍出版三十年的积淀和耕耘,尤其是近十年来对古籍出版的重视和推动,打造了属于自己的古籍类精品书出版品牌。

从我国古籍整理出版活动的发展进程来看,出版研究落后于出版实践的发展步伐。古籍出版研究总量少,研究内容同质化严重,选题过于视阈狭窄。从研究的范围来看,与古籍出版相关的现状研究、综述研究、少数民族古籍出版研究、专业性古籍出版研究大多呈现宏观性、整体性和浮于表面的探讨。总体上,当下古籍出版的困境有:出版价值高,但市场狭小;数字时代,古籍阅读的读者流失严重;古籍整理出版,定位模糊,选题不当;古籍图书的销售渠道单一,缺乏营销。

古籍出版的兴衰反映了一个时期文化、学术和教育的变动。古籍出版能够为学术研究提供丰富的文献资料,有力促进了各级图书馆的建立和学者私人藏书数量和藏书者人数的增长,提高了整体的学术研究水平。

第二节　古籍装帧

书籍装帧是一门学问。而书籍装帧随着书籍的产生而产生,随着文明历史的发展而发展,前者表现出书籍装帧是历史的产物,后者表现出书籍装帧是文化的结晶。人类从最早的刻骨、刻竹的记事,到现代印刷技术、书籍的装帧,在长期的实践中已经积累了丰富的经验和智慧,并形成了专门的学科。书籍装帧包括封面、版面、插图、装订形式等设计。古籍装帧形式有:经折装(将图书长卷按一定宽度左右折叠起来,加上书衣,使之成为可以随时展读的册子)、卷轴装(指将印页按规格裱接后,使两端粘接于圆木或其他棒材轴上,卷成束的装帧方式)、蝴蝶装(宋元版书的主要装帧形式,外表与现在的平装书相似,展开阅读时,因书页的中缝被黏在书皮上,书页形状以及开合的样式像蝴蝶展开双翅,故称蝴蝶装)、简策书(用绳把一个个竹简编连而成的书。简策书是中国古籍最早的正规书籍的形态)。中国古籍在不同时期有着不同形式的装帧形式,其中包括甲骨文、金文、简、牍、册、策、帛书等。古籍装帧是古籍保护与修复的重要工作程序和环节。不同类型及不同文物等级的古籍在装帧技术上的要求是不同的。如善本古籍在装帧上要求做到整旧如旧,各种装帧技术要在维护古籍原有风貌的基础上进行。

一、书籍式装帧技术

1.折页

古籍书册经过拆书、去污、连口、修补之后,成了散页。要把这些散页装订成册,第一道工序就是折页。折页就是按照书页书口处原来的折缝,把书页折叠成双页。折叠完后将书口安抚平整,放在夹板上,等全部折完后即可进入下一道敲书的工序。有些书页或因年代久远,或因连口时发生叠口现象,以致折页时书口出现"刺毛口",遇到这种情况,应把书页喷水压平,重新折页;或揭去书页背面的连口棉条,再重新连口。有的书籍印刷时用的墨色较差,折页时会把两手弄黑弄脏,如果用脏黑的手继续折页,必然会污损书页。这就需要在书口处垫上一张白净的纸,并注意保持手的干净。

2.敲书

书页修补后,搭茬的地方有两层纸,即比原先多了一层,厚度比其他地方高,这样书页就会出现高低不平的现象。敲书就是用小铁锤把高低不平的书页敲平整。敲书时首先需要准备一只小铁锤,并将锤底磨平,同时准备平面铁板或石板一块。在敲捶的过程中,随时用左手触摸书页,看修补过的地方是否敲平,如发现仍有突起之处,就继续敲捶,直到敲平为止。书页正面敲平后,再翻转过来敲捶背面,使书页两面都能做到平整。敲书时,切忌用力过大,否则修补过的地方就会出现一圈圈黑亮的锤痕(或鱼眼),影响书籍的美观。另外,敲书一定要在书页干透时进行,未干透的书页敲捶后会出现粘连现象,揭页便会发生困难。

3.衬纸

衬纸就是在古籍书页的夹层中添加一张素净的白纸。衬纸的作用主要是保护书籍,使书页增加骨力,延长古籍的保存和使用年限。衬纸有折口衬、开口衬、单页衬、半页衬、连口衬等多种方法,要视书页的具体情况而定。衬纸是古籍装帧中带有选择性的工序,在古籍装帧中需要衬纸的,大致有以下几种情况:古籍纸张过薄;连口数量大的书页,口高背低,凹凸不平的古籍;破损严重、修补的地方很多、敲书时不易捶平的古籍;古籍半边破损厉害,修补后出现了半边高半边低的现象,或因手工制纸印刷后产生了厚薄不均的现象。有些古籍页数不多,为了装帧美观,也采用衬纸的办法。

4.接书脑

有些古籍的书脑过于狭小,装订不方便,即使订起来的书籍翻阅也不是很方便,外形也不美观。遇到这种情况就需要采用接书脑的办法来予以解决。这种方法是用纸张把线装书的后背部分(群书脑)接宽,其具体方法包括衬接法、粘接法和拼接法三种。接书脑首先要准备纸条、浆糊、浆笔、纸捻、夹板等。如书脑部位有破损则要先予以修补一下。书脑上原有的锥眼,小的可以用手恢复其平整,大的则要用棉纸条修补。

5. 加护页

护页又称副页,即每册古籍的封面和封底内的空白页。封面内的称为前护页,封底内的称为后护页。护页的主要作用是保护书页不受损伤,避免潮湿。明清时代,广东地区有用"万年红"作护页的,这是一种用含水银的化合物泡制的纸张,有功效显著的防蠹作用。护页用纸在质料、颜色上要与书页协调。每册书的护页,一般前后各加2—3张。

6. 齐栏

齐栏又称齐线,是古籍装帧中的一道关键性工序。古籍经过修补、折页、配册和衬纸等工序后,为使书口整齐、栏线划一,要进行齐栏。齐栏方法可分为挨齐法、撤齐法和摆齐法。采用金镶玉装和修复后要穿线装订的古籍,一般都要进行齐栏的工序。

7. 压实

压实就是对准备装订的古籍施加压力,使其平整结实。由于书页经过拆书、修补、折页等工序之后,书页就会显得蓬松不平,特别是衬纸与修补地方较多的书页,凹凸不平的现象会很严重,如不经过压实,就难以装订。压实一般可用机械法。在没有压书机的情况下,压实的工序也可采用重物压实法,如可采用石头、铁块等。在压实工序之前,如遇到压实的古籍是套印的彩色笺谱时,要特别谨慎处理,因其原用凸版印制花纹图案,如果采用压实技术则会对书册中凸出的花纹起破坏作用。

8. 草订

草订是装订的初步工作,它是用一种手捻的纸钉,订眼订书,所以也叫"订纸捻"。现在人们常用的纸钉有长短两种,长的俗称"蚂蝗襻",北方称作"纸锯";短的俗称"纸钉",也叫"一头尖"。草订的目的是把书页加以固定,避免弄乱次序,以便进行下一道工序。

9. 裁切

裁切就是用刀把天头、地脚、书脑三边(书口除外)裁光切齐,以便包角、装书面等,并借以保持书边的整齐光洁和美观。裁切有机器裁切和手工裁切两种方法。整册托裱或衬纸的书册可用机器裁切。以常用的切刀机而言,每次裁切的书册厚度以9厘米以内为宜。至于手工裁切,较为柔和,现多采用马蹄刀,一次裁切以一册为宜,不能过厚,这主要适用于那些具有风伤、糟朽和焦脆老化特征的书页。

10. 打磨

古籍经过草订裁切之后用木砂或木锉将留有的刀花痕迹磨光,这道工序称为打磨。打磨时首先要准备好中号木锉、木砂以及乌贼鱼骨、各种型号的砂纸等,然后把书册的书脑、天头地脚礅齐,用稍大于书册的木夹板将书册上下夹好,压上重物,用左手压住书册夹板,用右手拿住木砂或木锉轻轻地在书脑、天头、地脚处摩擦,待刀花痕迹磨平后,再用零号砂纸细细地打磨光滑。书籍打磨时,每次数量不宜过多,有函套的古籍,应以一函为单位一起打磨,不要分开。大部而无函套的古籍可以20册为一单位,分批打磨。

11. 包角

用丝织材料来包裹古籍的书角,这道工序称为包角。它适用于装潢考究的古籍,如接过书脑的古籍和采用金镶玉装的古籍多要求包角。书册经过包角,不仅增加了牢度,而且更显精美。但包角处在南方潮湿地区易遭虫蛀,应慎重使用。被包书角的尺寸,一般是全书的1/8,其长与宽之比约为6∶4。每册书的包角分上下两部分,上面的叫天头角,下面的叫地脚角。

12. 装书面

装书面是古籍装帧中的一道重要工序。装修书面的材料种类繁多,有布面、锦面、花绫面、绢面以及各类颜色纸托裱而成的面子。装书面有两种做法,一种是单页书面,也称为四勒口面子。另一种是双页书面,也称为环筒书面。

13. 打眼

打眼就是在装修书册的书脑上锥书眼,以便穿线装订。一般来说,修复后的古籍,打眼基本使用原订线的眼,这样可以减少古籍的损伤。打眼无固定模式,一般古籍书册锥4个眼,书品大的可打5个至8个眼不等,特别大的书,在书角处需打双眼。

14. 穿线

穿线也称为订线,它是古籍装修中书页装册成书的最后一道工序。穿线的要求是订得牢、双线平行不打绞、不散脱、线的松紧恰到好处。穿线前首先要根据书品的大小厚薄选用粗细合宜的订线,计量好订书用线的长度并截好备用,一般情况下,订线是书册长度的6倍,6眼的厚本书可加长至8倍。

15.贴签

贴签就是在装修好的书册封面的左上角贴上一条长方形的签条,标明书名和卷册,以资识别。贴签一般都用修补过的原书旧签,如修补后的原书签条残缺严重,或装修前后书册多寡已有不同,则可新制签条,但旧签条仍应保存在护页里。贴签有满贴与浮贴的不同。满贴称为实贴,就是在签条背面均匀地涂抹稀浆糊;浮贴称为虚贴,就是在签条四周抹几点浆糊。以往北方多满贴,南方多虚贴。贴签时,左面书口和天头两边均应留出0.2cm左右的书边。

16.写书根

线装书在书架上都是平放的,为了便于寻检,要在书根处标明书名、卷数和册数,这就是写书根。书根字体一般为楷书。书写前,应把书册的次序理顺,把每一本书的卷数、册数先写在纸条上并夹在书册中,以免发生错误。书写时,书名的字可大一些,卷册的字可小一些;书名的字写在书角外,卷册的字写在书角上。卷册的写法,一册的书可以写个"全"字,两册的书可分别写"上、下"两字,三册以上的书,用汉字数码依次书写,其中首册书要注明全书册数,最后一册书在数码下注一"止"字。

二、其他的装帧技术

除以上书籍式装帧技术外,在古籍工作中,还会遇到其他一些装帧技术。

1.册页式装帧技术

册页是一种比较讲究的古籍装帧形式,古籍中的名人手稿、尺牍、碑帖和小幅字画等经常采用此种装帧形式。册页常见的有两种装帧方法,一种是横翻式(又称蝴蝶式),另一种是竖翻式(又称推蓬式)。这两种方法除了搭接方式不同外(横翻式的搭口在左边,竖翻式的搭口在下面),其他做法大体相同。册页的装修方案要视原件的损坏程度而定。首先需准备一块玻璃板,在玻璃板下贴一张标准样纸,上面划好天头、地脚和中缝的宽度。另外还需裁好托裱纸和天头、地脚、书口书脑处的垫纸备用。装修前,还应在原件的角落处用铅笔编上号码,以免弄乱次序。

2.卷轴式装帧技术

卷轴是古写本和书画装帧的主要形式。在卷轴式装帧的全过程中，揭去旧的托裱层是最关键的一步。托纸与卷面是直接粘连在一起的，复背纸又与卷面托纸粘在一起，因此须十分小心，否则使卷面伤痕斑斑，那就会损伤原件，造成不可弥补的损失。卷轴式的揭补大致可按以下工序进行：首先是揭复背纸，又叫揭大托纸。其次是揭小托纸，这是揭补工作中最困难的一道工序，也是最关键的，所以必须耐心细致。揭时绝对不能伤到卷面。再次是卷面补破。卷面若有损坏，补破时要注意配补材料的质地、色泽、光度、纹路等，补纸的粗细厚薄要与原件相配。最后是托裱、装轴。

3.片式装帧技术

片式的装帧技术与册页的装帧程序相同，只是裱完后不需折页和进一步的装潢，只需把单片四周裁齐即可。单片数量多时还可以为其做个套或盒，以便于收藏。

4.各类护书用品

在图书馆古籍工作的各类护书用品中，主要有函套、书盒、夹板等。函套分为四合套、六合套二种。一般来说，中国南方空气湿度较大，不宜做函套，若要做的话，四合套较适合些，因为这样便于空气流通。中国北方天气干燥，风沙较多，为了防止书籍风伤、焦脆和糟朽，较适合做六合套。书盒、夹板常用樟木、楠木以及红木等材料来制作，具有各种样式，这也是古籍保护经常采用的方法。尤其在中国南方，用木盒夹板还具有防霉防虫的作用。袱是古代的一种护书用品，现在较少使用。它是用各种锦缎裁成与书册大小相仿的尺寸，配上里子，缝制成与书套一样的衣裳，起到保护书籍的作用。

三、装帧的意义

中国古代图书在装帧形式方面主要分为以下六种：卷轴装、经折装、旋风装、蝴蝶装、包背装、线装。卷轴装是将文章以卷轴的形式装订。经折装的设计思路源于纸张的连续多次正反折叠。旋风装的整体形态类似于现代意义上的百叶窗。蝴蝶装的诞生源于雕版印刷术，在打开书籍阅读时，书籍就像是一只停在桌面上的蝴蝶。包背装的最大特点是对书脊进行装订。线装就是在包背装的基础上在书脊处打孔穿线,用以固定书页及封面封底。古籍的装帧形式,是美化图书、保护图书、便于翻阅的重要手段,也是研究我国古代书籍发展史、装潢学和版本学的主要依据之一。以书籍的制作材料来划分,我国书籍历经了竹木、缣帛和纸书三个时期。

书籍装帧设计将物质与精神结合,更能突出设计者的情感。书籍装帧中,封面设计可以吸引消费者眼球,最直截了当地说明书籍内容。书籍中的插图设计作为吸引读者注意力的元素,可以起美化装饰书籍的作用。版式是合理编排文字、图形等多种元素的一种书籍设计,主要起烘托设计内容的作用,呈现整体的设计美感。书籍装帧设计中,封面、插图、文字、排版、装帧设计等元素的组合构成了书籍的整体表现形式。装帧的现代意义在于:装帧不再仅仅指书页的装订与封面的黏贴,还包括对具体书籍外部形态的设计。为特定书籍增设收纳盒,这主要适用于具有较强收藏价值的成套书籍,目的是保护书籍,提高收藏价值。

第三节 古籍传承与保护

古籍是一种特殊的专业图书,具有文物属性和书籍属性。古籍特藏库控制温湿度、控制光线、控制灰尘、控制书虫、设有自动气体灭火装置和24h不间断的监控设备以确保古籍的安全。古籍传承保护应注意复制要谨慎、修缮要仔细、查阅要小心。在古籍文献的保护和传承问题上,必须做好的工作:一是做好古籍文献的普查工作。二是高度重视古籍文献整理、保护和研究队伍的建设。三是建立古籍文献保护单位。四是加大对古籍文献的专项资金的投入力度。五是加快推进古籍文献的修复工作。六是用现代化的科技手段对古籍文献进行传承与保护。

一、古籍传承

古籍传承保护工作主要包括古籍的整理、保存、修复、开发、数字化等内容。古籍保护工作中大量的隐性知识是不可忽视的重要内容,它们具有很高的实用价值,直接关系到古籍保护的实施效果。隐性知识是指个人或组织在长期实践中积累的、难以传播和交流的、专属特有的某种价值追求、心灵感悟、技术诀窍、协调能力等,它具有明显的个体性,内化于个人或组织,唯一的载体是人。基于古籍保护工作的特点,可将其中的隐性知识分为意识类、认知类、技能类、组织类四大类。影响古籍保护中隐性知识转移因素有思想因素、心理因素、能力因素、流动因素。

古籍传承保护重点在一线图书馆或基层图书馆,这是全国古籍保护工作深入开展下去的必然趋势。一线图书馆是全国图书馆体系中的基础单位,一线图书馆的古籍中也不乏具有重大文献价值、文化艺术价值的善本珍品,地方文献是一线图书馆的特色馆藏,因地域优势,其中某些古籍版本往往有着独一无二的版本价值与文献价值。一线图书馆的古籍保护工作是全国古籍保护工作全面开展的基本保障,一线图书馆依托地缘优势,可以最为直接便利,而且有针对性地保存地方文献、服务地方文化。如齐齐哈尔市图书馆经部藏书种类齐全,名家碑拓居多,满蒙文古籍收藏颇丰,达斡尔族文献在省内独树一帜,流人藏书及流人著作独占鳌头。

古籍传承的趋势是高端人才的梯队培养,主要涉及古籍编目与整理、古籍鉴定与修复、古籍传媒出版、古籍文化策划与推广四大层级。古籍高端人才需要高学历(职称)、高技能、高协同的复合型人才即"古籍三高"人才。古籍人才不仅需要扎实的修复基本功,还需深厚的文化积淀。需要协同创新,多学科、多部门协同培养古籍高端人才。高校之间、高校与国家古籍保护中心要加大协作深度与广度,在全国高校(包括民族院校)建立国家古籍保护与传承学院,以培养古籍传承与保护专业人才,全面科学地建立古籍保护学科体系,培养古籍保护专业梯队人才。

2008年国家民委、文化部发布的《关于进一步加强少数民族古籍保护工作的实施意见》中提出了新时期、新阶段少数民族古籍保护工作要坚持贯彻"保护为主、抢救第一、合理利用、加强管理"的方针,保护传承人是保护、抢救口碑古籍的关键与核心,对于其保护需要从政府主导、社会参与与传承人自身等层面提出可行性建议。政府加强代表性传承人认定工作,加大对代表性传承人经济扶持力度,制定传承人保护政策,提高传承人社会地位,对传承人进行培训。传承人要有文化自觉意识和文化自信心,这是开展传承活动的基本前提;提高传承意识,培养后继人才,这是保护传承人的关键所在;提升自身文化素质和传承技能,这是传承人发展的需要。

二、古籍保护

由于人为与自然因素,我国古籍的损坏较为严重,特别是大量的纸质古籍。全国公共图书馆和博物馆总计保存古籍3000多万册,其中1000万册由于历经岁月侵蚀、火烧、水浸、虫蛀而损坏严重。从印本文献的损坏类型来看,可分为酸化、老化、霉蚀、粘连、虫蛀、鼠啮、絮化、撕裂、缺损、烧毁、线断等几种,写本文献还有较为严重的印章或字迹的褪色和扩散现象。20世纪50—60年代形成的档案,都有字迹褪变、模糊不清、纸张发黄老化现象出现,有的已经到了无法提供利用的程度。古籍记录了不少鲜为人知的历史,为今天研究人类历史、社会发展以及自然环境留下了珍贵史料。古籍原本的作用是任何复制品都无法取代的,原本具有重要价值:原本是拷贝的基础、原本的权威性无法取代、含有无法复制的信息。古籍属于不可再生的文献遗产,必须对其原本加以保护。

古籍具有文物价值和文献价值,因此,目前在古籍的保护上分别采取原生性保护与再生性保护两种方式。原生性保护,是针对古籍的文物属性,对古籍原件的保存与养护。古籍图书的文献价值,即书的内容方式,可以通过翻印再生,使其能够继续为人们所利用,为再生性保护。古籍再生性保护的意义远大于原生性保护,如现存宋元本古籍非常稀少,唐代以前的文字遗存更难得一见,但通过历朝历代的传抄与翻印,能够比较完整地保存下来,并且服务于后世。

目前古籍工作中古籍价值传承过程中存在的不足:缺少灵活、高效的运转机制,在普查的具体运作过程中工作名目繁多,标准界限不清,古籍普查与古籍修复严重脱节;古籍工作专业人才匮乏与古籍工作对专业素养要求迫切的矛盾尖锐,对古籍的价值属性认识存在误区,古籍开发不够多元化。因此,要建立古籍价值体现与传承的良性循环体系:完善层级式管理体制,引进奖励机制,加强知识管理,建立古籍工作资源共享与信息交流空间,从纵向、横向上加强对古籍的深度和广度开发。

第四章　专业古籍资源

第一节　农业古籍

农业古籍俗称古农书，是指古代论述农业生产及与农业生产有直接关系的知识著作。古农书是农业图书馆农业古籍资源的主体和核心部分。自古以来，我国是农业大国，农书数量相当可观。据《中国丛书综录》著录，现存农书约有 340 余种，其中总论 39 种、时序 12 种、土壤耕作 18 种、农具 2 种、灾害防治 4 种、作物 56 种、蚕桑 14 种、园艺 111 种、畜牧 14 种、水产 23 种、生物 48 种。

一、典型农书

北魏贾思勰《齐民要术》、汉《氾胜之书》、宋陈敷《陈敷农书》、元王祯《王祯农书》和明徐光启《农政全书》影响最大，号称"五大农书"。

《齐民要术》是我国现存最早、最完整的古代综合性农书，约成书于 532—544 年，全书 10 卷 92 篇 10 余万字，系统地记述农业生产技术和农业思想、农产品加工和家庭副业以及农村家庭手工业，知识广泛而丰富。作者贾思勰，山东益都（今寿光市）人，《四库全书总目》记录为"后魏高阳太守"。在序言中把写作概括为 16 个字：采捃经传，爰及歌谣，询之老成，验之行事。"采捃经传"，即旁搜博采历代文献，吸取前人经验，该书征引前人著作 150 余种。"爰及歌谣"，即收集有关农业生产的民谣，该书共征引民谣 30 多条。"询之老成"，即向有经验的老农请教，把他们的生产经验记录下来。"验之行事",即把各种农业生产技术用于生产。《齐民要术》是我国古代伟大的农业百科全书之一,对推动我国农业生产发展做出了重要贡献。

《齐民要术》延至今日,历经 1400 多年,为各朝代重视,版本先后达 50 余种(表 4-1),在各农书之中位居前列。

表 4-1　《齐民要术》版本

北宋天圣本(院刻本)	黄丕烈校宋本(残)	武昌汇刻四子本(刻本)
仁安本（抄本）	五朝小说一卷本（刻本）	橘藻堂四库荟要本（刻本）
近卫本（抄本）	国学基本丛书本（排印）	百子全书本（石印本）
明抄本（南宋本）	世界书局铅印本	四部备要本（影印本）
秘册本（刻本）	科学出版社校释本	清道光抄本
明刻本（清焦盾跋、陈揆极并跋）	广西人民出版社选注本	吉石庵本（影印）
日本延亨向荣堂本（刻本）	农业出版社校释本	成都刻本
湖北崇文书局本（刻本）	台北世界书局马国翰辑本（影印）	丛书集成本（排印）
渐西村舍本（刻本）	南宋张麟本（龙舒本）	陆心源校刻二卷本
龙溪精舍本（刻本）	金泽本（抄本）	案古里瞿氏校宋本（残）
四库全书本（抄本）	湖湘本（刻本）	说郛一卷本（刻本）
子书百家本（刻本）	明万历秀水沈士龙本（刻本）	振华日报社铅印本
四部丛刊本（影印本）	津逮本（刻本）	中华书局铅印本
青照堂丛书本（刻本）	猪饲校宋本（刻本）	科学出版社选释本
清光绪吕氏刻本	学津本（活字本）	上海古籍出版社全释本
注舆本（石印本）	观象庐丛书本（刻本）	巴蜀书社白话本
万有文库本（排印）	群书校补本（刻本）	台北广文书局本（影印本）
宛委山堂本（石印）		

资料来源:肖克之.农业古籍版本丛谈[M].北京:中国农业出版社,2007:13-14.

最早的《齐民要术》刻本,刊于北宋天圣年间(1023—1031)。新文化运动以来,《齐民要术》的研究过程大致经历过四个阶段:第一阶段民国时期研究,以全面介绍、局部探讨为主,代表人物是栾调甫、陶希圣、万国鼎等。第二阶段中华人民共和国成立后至"文革"前的研究。这个时期研究全面展开,侧重农业生产技术,如1957年出版的《齐民要术今释》。第三阶段为"文革"期间的研究。这一时期集中在生物学、植物学、发酵酿造工艺等。代表性的论文有《〈齐民要术〉中的生物进化思想》《〈齐民要术〉在生物学上的成就》等。第四阶段为1977年至今,研究呈现出百花齐放的局面,如代表性论文《从〈齐民要术〉看南北朝的饮食风俗》《〈齐民要术〉中所反映的南北朝时期饮食文化》《从〈齐民要术〉看饮食文化》等。

《氾胜之书》,氾胜之著,在汉成帝(前32—7)时曾任议郎。此书从适时、土壤、施肥、保墒、中耕、收获等六个方面详细总结了陕西关中地区农业生产的经验。还列举了禾(谷子)、黍、麦、稻、豆、麻(大麻)、桑等10多种农作物的栽培方法。原书已佚,现有辑本。

《陈敷农书》,成于南宋高宗绍兴十九年(1149),是现存最早论述南方水稻产区的农业技术专著,它总结了隋唐以来,长江下游广大地区的农业生产经验,反映了唐宋时期水田耕作、栽培的技术水平。

《王祯农书》,是元代的一部重要农学著作。王祯(1271—1368),字伯善,今山东东平人,曾任旌德、永丰县尹,为官清廉。听政之余,重视农业生产。《王祯农书》作于仁宗皇庆二年(1313),全书约13.6万字。分农桑通诀、百谷谱、农器图谱三大部分。农桑通诀主要介绍农业发展简史和主要耕作技术;百谷谱分述粮食、蔬菜、瓜果、竹木等栽培技术;农器图谱主要介绍农具和农业机械的制作和使用方法,附图306幅。此书与《农桑辑要》的区别在于:一是打破了南北界限,大量吸取了南方农业生产的先进经验;二是重视生产工具的改革,用占全书五分之四的篇幅,详述了各种生产工具的来源、构造、使用功能等。根据《王祯农书》附《造活字印书法》可知,此书元代至少有一种江西刻本。刻印时间是在仁宗皇庆二年(1313)王祯调任永丰县尹之后。

《农政全书》,著者徐光启(1562—1633),字子先,今上海人,万历三十二年(1604)进士。崇祯五年(1632)升任礼部尚书兼军阁大学士、机要,崇祯六年(1633)兼任文渊阁大学士。他较早地把西方先进科技引入介绍到我国,主要著作有《几何原本》《崇祯历书》《农政全书》等。《农政全书》是徐光启逝世6年后,由陈子龙等整理修辑,于崇祯十二年(1639)

刊行。全书共六十卷,分农本、田制、农事、水利、农器、树艺、蚕桑、蚕桑广类、种植、牧养、制造、荒政 12 类,共 50 多万字,其中水利和荒政篇幅较大。书中辑录了古代和当代的文献资料,同时阐述了作者的研究心得和见解,是我国一部较早的农业科学著作。

《茶经》成书大约 759—773 年间,全书 7000 多字,分三卷十节。上卷包括:源,为茶的性状、名称和品质;具,采制茶的用具;造,是茶的种类和采制方法。中卷包括:器,介绍烹饮茶叶的器具。下卷包括:煮,论烹茶的方法和水的品质;饮,谈饮茶的风俗;事,汇录有关茶的记载、故事和效用;出,列举全国重要茶叶产地和茶叶;略,讲可以省略的茶具、茶器;图,即教人用绢帛抄《茶经》张挂。

《耒耜经》是一篇只有 630 余字的短篇,撰者陆龟蒙。《耒耜经》篇幅虽短但影响颇深,备受人们推崇,这是历史上记述江东犁最早的资料,通过这篇文章人们了解了唐代犁的形制。文中记述了由铁制的犁镜、犁壁和木制的犁底、压镵、策额、犁箭、犁辕、犁梢、犁评、犁键、犁盘 11 个部件。《耒耜经》所记载的曲辕犁,内容十分详尽,从结构、原理到尺寸大小,甚至使用功能,都有明确介绍,使人们能够比较准确地掌握这种农具。依据这些记载,可以大体复制曲辕犁。《耒耜经》还简要说明了耙、砺释和碌碡的作用,对于推动江东犁的普及和传播起了很大的作用。

《陈旉农书》分上、中、下三卷,上卷是农业经营管理与栽培总论,以财力、地势、耕耨、天时、六种、居处、粪田、薅耘、节用、稽功、器用、念虑等十二宜,以及祈报、善其根苗二篇全面而系统地阐明了经营农业与栽培的基本问题。中卷牛说论述牧养、役用、医治之宜,全面论述了牛作为农业动力的意义及养用医治之道,把养牛提高到与农耕种田并列的地位。下卷讲桑蚕、记述了植桑、养蚕之道。后人研究其历史作用认为:该书首次系统讨论了土地规划问题,对不同地方采用不同的方法进行治理和应用,认为具有生态学的思想;首次提出"治之得宜,皆可成就"和地力"常新壮"等土壤肥力的见解;发展了肥料的积制和施用技术;首次系统论述了南方水稻的耕作栽培技术;从《列子》中借用了"盗天地之时利"的概念,掌握时宜、地宜。

二、元代农书

蒙古族在动用武力统一全国的过程中,强制推行牧区的生产方式,大片农田变为牧场草地,农业生产遭到严重破坏。为了巩固封建政权,元朝统治者采取了一系列农业措施。大规模地屯田垦荒,使中原和江淮地区重新得到开垦,对恢复农业生产起到很大作用。先后开挖了胶东河、神山河、会通河、通惠河等,对发展农业生产和交通运输起到很好作用。为了尽快恢复农业生产,除了建立农业管理机构、屯田垦荒、兴修水利之外,非常重视农书的编写,大力推广农业生产技术,现将元代编写的主要农书列出。

1.司农司《农桑辑要》

《农桑辑要》是元代司农司撰写的一部农业科学著作,成书于至元十年(1273),全书共七卷,包括典训、耕垦、播种、栽桑、养蚕、瓜菜、果实、竹木、药草、孳畜等十部分,后附"岁用杂事",列出了一年12个月的主要农事活动。元初为解决穿衣问题,急需恢复北方的蚕桑、大麻生产,并推广南方的苎麻种植技术。该书两卷详细记载了北方蚕桑的生产经验,还增加了有关苎麻栽培的专门内容。全书共6万字,这是继贾思勰《齐民要术》之后又一部全面介绍北方农业技术的农书,反映了我国13世纪的农业生产水平。《四库全书总目提要》指出它"详而不芜,简而有要,于农家之中最为善本"。

2.鲁明善《农桑衣食撮要》二卷

鲁明善,元代杰出的畏兀儿农学家。此书作于仁宗延佑元年(1314)出监寿郡之时。本书与一般农书的编制体例不同,直接继承了东汉崔寔《旧民月令》的编制体例,按照农家的"月计划"编写。全书共分12个月。全书除农桑之外,兼收园艺、畜牧、农产品加工、修建等其他必要的农事活动。行文通俗易懂,不求辞藻华丽,不引经据典,备受农民欢迎。该书在元代至少有两种刻本:一是仁宗延佑元年(1314)刻本;一是文宗至顺三年(1332)刻本。

3.张光大《救荒活民类要》

著者张光大,为元桂阳路儒学教授,校正者高丽完者秃为桂阳路总管。该书摘录历代垦荒措施与技术,成书至英宗至治元年(1321),元集庆路儒学刻印。今北京图书馆藏有原本。

4. 苗好谦《栽桑图说》

苗好谦,今山东城武人,历官司农丞、御史中丞等职,勤于政务。此书或名《农桑图说》《栽桑图》等,详述了农业生产技术,图文并茂。该书在元代两次刻印:第一次是在仁宗延佑五年(1318),第二次是在文宗天历二年(1329)。

5. 柳贯《打枣谱》一卷

柳贯,任儒学教谕、翰林待制等职。自幼至老,好学不倦,博览群书。与虞集、揭傒斯、黄溍齐名,并称"儒林四杰"。著有文集40卷、《字系》2卷、《近思录广辑》3卷等。该书记各种枣名73种,间注性状、产地,堪称元代枣树大全。

6.《居家必用事类》全集十卷

撰人不详,全书以十干分集,辛集中有元大德五年(1301)吴郡徐元端《吏学指南序》,逢"圣朝"二字俱跳行,明《永乐大典》又多次征引该书,故为元人编集无疑。该书载历代名贤格言及居家日用事宜。戊集计分种艺、种药、种菜、果木、花草、竹木六类,属于农业方面的内容,文字大多摘录前人所著农书。

7.《农家谚》一卷

旧题汉崔宫撰,但此书首次出现在元陶宗仪编《说郛》中,《说郛》以前尚未有人提及。因此,专家们认为该书当是元人所编,而假托汉代崔宫行世。该书共收录农谚26条,如"锄头三尺泽""耕而不劳,不如作暴"等。

8. 其他农书

汪汝懋《山居四要》,共四卷。汪汝懋,今江西浮梁人,顺帝至正间为国史院编修官。"四要"指摄生、养生、卫生、治生。其中"治生"专讲农事,"卫生"后录六畜的病方。陆泳撰《田家五行》《田家:五行拾遗》一卷。刘美之撰《续竹谱》一卷,记竹22种。卞管勾撰《司牧马经痊骥通元论旧题》,专门记录马病疗法。

元代重视农业生产,历书刻印准确、及时,有利于安排农事活动。元代农书编写有两个特点:官方重视农书,不少农书为中央和地方官吏直接参与编写;中央官吏编写《农桑辑要》《栽桑图说》等;地方官吏编写

《农书》《农桑衣食撮要》《救荒活民类要》等。元代农书通俗易懂,图文并茂,深受百姓喜爱。

三、农业古籍图书馆

自 20 世纪 50 年代初至 90 年代中期,经过几代农史学家的艰苦努力,陆续整理校注了综合性重要农书《齐民要术》《农桑辑要》《王祯农书》《农政全书》等 30 余部。王毓瑚编著《中国农学书录》(1964),共收录农业古籍 541 种,存 370 种,佚 171 种。王达先生数十年对明清农书予以极大的关注,查出明清农书的总数已达 1388 种,编写《中国明清时期农书总目》。上海图书馆编《中国丛书综录》(1982),收录农业古籍及与农业有关的古籍,共 783 种。《中国古籍善本书目》编委会编《中国古籍善本书目》(1985—1994),收录农业古籍及与农业有关的古籍,共 470 种。

国家农业图书馆是我国重要的农业古籍收藏中心,收藏有农业古籍约 2 万种。其中不乏珍贵的古代农业孤本和善本,所藏早期著名农书《齐民要术》影抄本(残存第五、第八两卷),是日本人小岛尚质根据北宋崇文院刻本影抄的,是国内仅存的孤本。20 世纪 70 年代,人们开始了对农业古籍图像检索的研究,主要有两种方式。一种是使用关键词对图像进行人工索引。另一种是基于内容的图像检索,从而实现对图像的检索。计算机图像检索建立简体字、繁体字和图像概念同义的动态术语数据库,对全文扫描图像信息建立检索索引库,完善了古籍网络使用平台。通过图像模板与古籍全文扫描数据库的局部匹配,以及建立索引数据库,从而达到对数字化古籍的全文检索。

中国农业大学图书馆现有农业古籍 1000 多种,其中有些属珍本、善本图书。其中《吕氏春秋》成书于公元前三世纪,书中提出了农业生产技术领域里的十个关键性问题,涉及水旱地利用、盐碱地改良、耕作保墒、杂草防治、株距行距、植株健壮、产量和出米率、食用质量等。东汉崔实的《四民月令》是农家月令书的开创者,为月令农书的典范。

华南农业大学农史研究室、西北农业大学古农学研究室等也是古农书的主要收藏单位。据《汉书·艺文志》记载,战国时已有《神农》与《野老》两种农书,但已失传。目前我国现存最早的农书要属《吕氏春秋》中《上农》《任地》《审时》《辩土》四篇,此后各代都有农书保存下来。中国农业科学院科技文献信息中心(国家农业图书馆)是我国重要的农业古籍收藏中心,收藏有农业古籍约2万种。其中不乏珍贵的古代农业"孤本"和"善本",如明代刻本《农政全书》《花史左编》等数十种农业古籍被国务院古籍出版规划办公室列为"善本书"。

农业古籍数字化有利于保护和保存优秀的文化遗产;有利于实现资源共享,推动农史研究;现代信息技术引入古农书整理,可以将古籍整理的工序以计算机辅助的形式简化,节约时间和经费。农业古籍数据库包括农业古籍书目信息数据库、农业古籍图文版类型数据库、专题农业古籍全文数据库、大型古籍数据库中的农业古籍库、数字图书馆中的农业古籍库。

第二节　中医古籍

我国医药学历史悠久,蕴藏着丰富的防治疾病的理论知识和实践经验,是一个伟大的宝库。它在长期的医疗实践中,逐步形成并发展成为独特的医学理论体系。医学古籍对人体的认识和对疾病的预防、诊断、治疗,都有较精辟的论述,对人体保健除病有重大贡献。中医古籍是指由古代流传下来,1911年辛亥革命以前的,以古代汉语为载体记录中医药学内容的文献群体。中医古籍数量巨大,据史载书目总计约有万余种之多,因历代战乱,亡佚严重,现存约8000种。其中尤以《黄帝内经》《伤寒论》《金匮要略》《温病条辨》四本书最为重要,被认为是典范性或代表性的中医古籍,它们对后世中医学的发展有着极其深远的影响,又被称为中医古籍中的经典著作。

一、历史中医古籍

中医古籍,浩如烟海,据日本丹波元胤《中国医籍考》所收书目,自秦汉至道光年间,共有3000多种。日本冈西为人《宋以前医籍考》收集了我国宋以前的医学书目1860种。中国古代医学发达,涌现出扁鹊、华佗、董奉、王叔和、陶弘景、孙思邈等一大批医学名家。编著了《神农本草经》《伤寒论》《针灸甲乙经》《脉经》《千金要方》《千金翼方》等大批医学名著。其中历代本草著作令人瞩目,形成一个博大精深的系列,即"本草学"。

古人对本草的研究很久远,汉成帝建始二年(前31),已有"本草待诏"之官,汉平帝元始五年(5)有"本草教授"之职。《神农本草经》是本草学的第一本专著,总结了汉代以前的本草研究成果,收录药物数百种,主治内科、外科、妇科等170多种病症,对后世产生了深远的影响。此外,汉代本草著作还有《子仪本草》《蔡邕本草》《吴普本草》等。

春秋战国至秦汉之际,《黄帝内经》《黄帝八十一难经》《神农本草经》《伤寒杂病论》四大经典诞生,标志着中医学理、法、方、药学术体系建立,涉及中医基本理论、诊断方法、治疗法则、药物理论、辨证原则等,从此建立了中医学一以贯之的学术范式。中医学是古代多学科知识得以综合运用的体现,除全面总结了养生、防病、治病等医学知识外,还蕴含着哲学、天文、气象、生态等内容,文化信息十分丰富,且主要是通过中医古籍来负载和体现。

魏晋南北朝的本草著作有姚最《本草音义》、甄立言《本草音义》、甘浚之《本草要方》、原平仲《灵秀本草图》、陶弘景《神农本草经集注》等40余种,其中陶弘景《神农本草经集注》是本时期本草学的纲领著作,纠正了以前版本的许多错误,在本草学的发展史上起着承前启后的作用。

唐代本草著作有苏敬等《新修本草》、陈藏器《本草拾遗》、孟诜《食疗本草》、李珣《海药本草》、韩保升《蜀本草》等,其中《新修本草》是唐代官方修撰,修撰者包括李勣、长孙无忌等23人。《新修本草》纠正了陶弘景《神农本草集注》400余种草药的错误,还增补了100多种新药,该书图文并茂,是世界上最早的药典。

宋代本草著作有马志等《开宝本草》、李昉等《开宝重定本草》、掌禹锡《补注神农本草》、唐慎微《大观经史证类备用本草》、文彦博《节要本草图》等。其中唐慎微《大观经史证类备用本草》收录1000多种药物,是一部带有高度概括的著作。

元代的本草著作有沈好问《本草类证》、王好古《汤液本草》、吴瑞《日用本草》等。明代本草著作有卢和《食物本草》、宁鉴《食鉴本草》、李时珍《本草纲目》、缪希雍《神农本草经疏》等。其中,李时珍《本草纲目》是历代本草著作中最重要的一种。李时珍（1518—1593），字东璧，晚年自号濒湖山人，今湖北蕲州人。少时无意进仕，立志终生从医。他博览群书，尤其阅读了大量官藏医书，"上自坟典，下及传奇，凡有相关，靡不备采"，修正补充了历代本草著作中的谬误，全国采集、考察和考证药物。在61岁时，完成了《本草纲目》这部辉煌巨著。这部190多万字的著作，是历代本草学的巅峰著作，先后被译为多种文字流传国外。

清代本草著作有赵学敏《本草纲目拾遗》、徐大椿《神农本草百种录》、张志聪《本草崇原》、邹润安《本草疏注》、汪昂《本草备要》等。其中，乾隆三十年（1765）赵学敏撰《本草纲目拾遗》对李时珍《本草纲目》的补充版本。

今人郭蔼春主编的《中国分省医籍考》，全国26个省（自治区、直辖市）地方志著录之医籍，共收书7300余种。严世芸主编的《中国医籍通考》，据出土文献，历代书目及方志著录及国内文献所见，共收书9000余种。《全国中医图书联合目录》收录全国113个图书馆截至1980年底为止的馆藏中医药图书，著录列目者为12124种，其中古籍有7700余种（含部分国外医学著作）。

二、经典中医古籍

我国现存传世最早而又完备的医学专著是《黄帝内经》，简称《内经》。《内经》虽托名黄帝所撰，实质是汉人整理和撰写，是一部西汉的著作。它是战国、秦、汉时医家汇集的古代及当时医学资料。原书十八卷，分《素问》《灵枢》两部，各九卷。后人有增补，故现存本共二十四卷，八十一篇。《内经》内容非常丰富，包括脏象、经络、病因、病机、诊法、病证、治疗原则、针灸等。全书运用阴阳、五行学说，重点说明了因时、因地、因人制宜的"辨证施治"的医疗原则，体现了人体内外环境统一的整体概念。这些重要内容的论述，是中医基本理论的根据，是中医治疗方法的根本原则。此书在我国医学发展史上的地位十分显赫，是今天研究中医学，提高中医理论水平必读的古典医书。

我国最早的一部临床实用百科全书，是隋唐孙思邈撰的《千金方》，全称《备急千金要方》。全书共三十卷，卷一为总论性质，包括习业、精诚、理病、诊候、处方、用药等一般性论述。卷二至四为妇科病，卷五为儿科病,卷六为五官病,卷七至二十一为内科病,卷二十二至二十三为外科病,卷二十四至二十五为解毒与急救,卷二十六为食养,卷二十七为养生、导引、按摩等,卷二十八为脉诊,卷二十九至三十为明堂、孔穴等针灸疗法。孙思邈(581—682),今陕西耀州人,杰出的医学家。他的《千金方》约成书于唐永徽三年(652),它不但包括了唐以前历代著作的主要医论、医方、诊法、治疗、针灸等中医基本内容,而且含有处方、用药、服饵、食养、导引、按摩等。孙氏除《千金方》以外,晚年还著有《千金翼方》三十卷,弥补了《千金方》的不足,其规模、体制和《千金方》一致。

我国传世最早的一部论脉专书,是魏时太医令王叔和编纂的《脉经》。王叔和,名熙,约生活于三世纪,今山东东平县人,名医。他的《脉经》约成书于280年,共十卷。大部分选录《内经》《难经》以及扁鹊、华佗、张仲景等人的有关文献,收录二十四脉的说明,以及寸关尺三部的定位诊断等。所谓二十四脉,即指浮、芤、洪、滑、数、促、弦、紧、沉、伏、革、实、微、涩、细、软、弱、虚、散、缓、迟、结、代、动等脉的变化。从《内经》医籍以来,这些变化散见各书,王叔和第一次把他们集中起来作完整的叙述,并对它们的性状逐一加以比较明确的描写。

《神农本草经》,又称《本草经》或《本经》,中医四大经典著作之一,为现存最早的中药学著作。约起源于神农氏,经代代口耳相传,于东汉总结整理成书。此书提出中药学理论、配伍规则、"七情和合"原则,是中医药药物学理论发展的源头。在李时珍出版《本草纲目》之前,被看作是最权威的医书。全书分三卷,载药365种,以上、中、下三品分类。

《灵枢》是我国现存最早的论述针灸较多的医学基础理论著作,又名《针经》,古时亦称《九卷》《九灵》,与《素问》合称《内经》。原书在晋、唐时流传不广,至宋史崧以家藏旧本校刊,分成二十四卷,八十一篇。它的内容主要是论述经络、腧穴的分布,脏腑的生理、病机、营养、卫、气血的运行,针刺手法的运用等。在两千年前,古人通过实践,就已经认识到经络与脏腑之间的密切联系,对针刺治病和针刺麻醉作了理论上的研究,这是我国医学上的一部极为宝贵的典籍,在世界医学史上也是一大贡献。

三、中医古籍版本

中医文献是中华民族文献的一部分,中医文献学是中国文献学的一个分支,也是一门专业文献学。中医文献可以分为两大类:古代文献载体和现代文献载体。

古代文献载体:甲骨载体文献,在河南安阳出土的殷商甲骨文,因其将文字刻在龟甲或兽骨上,故称甲骨文。已有一些人体部位名称及疾病名称等与医学有关的文字,在所能辨认的甲骨文字中,为目前所知中医文献载体之最早者。金石载体文献,即将文字铸造或雕刻在金属或玉石制成的器物上,故又称金文或石文。宋代铸造之铜人,将经络与腧穴刻于其外,脏腑铸于其内,显示了脏腑、经络、腧穴方面的知识。战国时期的行气玉铭及后世之碑铭、墓志及刻制之医书或医方石碑等。竹木载体文献,即将文字记录在竹或木制的简,或以木制成的牍、版、方上的医学文献,如《流沙坠简》。缣帛载体文献,即将文字记录在绢帛之类的丝织品上,如《足臂十一脉灸经》、《阴阳十一脉灸经》甲乙本、《胎产书》等。纸质载体文献,即将文字抄录或刊印于纸质载体之上的文献。自印刷术发明之后,医学文献亦以刊印之纸本为主要载体。以贝叶、桦树皮等为载体者,在汉医学文献中,尚未发现。少数民族医学文献,则有以此为载体者。

现代医学文献载体,除仍以纸为主要载体外,随着科学技术的发展,作为知识的载体,已发展到利用声、光、电等现代科学技术,进行摄影、录像、录音及电脑储存。诸如缩微胶卷、录像带、录音带、电影片、电视片、幻灯片、唱盘及磁带软件等附载古今中医学知识者,均属中医文献之例。

中医文献范围极广,可延及文献的各个方面。中医学专著,指中医这一大门类中的各种专业性著作,是中医文献的主体。各种综合性类书中所含中医文献。如唐代《初学记》《艺文类聚》,宋代《太平御览》,明代《永乐大典》,清代《图书集成》等均收录有大量中医文献。萧源等据现存《永乐大典》七百九十五卷中,辑出《永乐大典医药集》,达110余万字。综合性丛书中所收中医文献有:明代胡文焕《格致丛书》收宋代周守中辑《养生类纂》、元代陶宗仪辑《说郛》收唐代释慧日编撰《禅本草》一卷、明代佚名氏辑《奚囊广要》收《保产育婴录》、阮元辑《宛委别藏》收《难经集注》、官修之《四库全书》收更多医书。

在古代正史、野史及史学杂记中,亦多记载或辑录有诸多关于医事制度及医林人物、医学书目等方面的文献,为史籍记载医事文献。凡正史之百官志或职官志及各朝《会要》,多记有医事制度方面文献,艺文志或经籍志著录有医家书目。杂记中亦多记有医学各方面文献,如《太平广记》中记有若干本草方面的知识等。经传记载或援引之医学文献,指儒家经典及历代传注等记载或援引之医学文献。如《周礼·天官》所记周代医事制度。汉代郑玄注、唐代贾公彦疏,多具医学内容。在先秦以至明清诸子著作中,也有诸多医学内容,如后汉班固撰《白虎通义》卷三的内容。

在历代小说笔记中,载录医学文献颇多。湖北省中医研究院钱远铭主编的《经史百家医录》,辑录医学文献110余万字。陶御风等编纂的《历代笔记医事别录》,收唐至明清历代笔记三百余家,辑录医学文献近50万言。另外,如《释藏》《大藏经》《道藏》也收录有医学文献。

文史工具书中收载医学文献。字书、辞书、韵书等,均含有或援引诸多医学文献。如《释名》中的"释形体""释疾病"等,《说文》《广韵》的医学专用字等。又如清代顾炎武《音学五书》、朱骏声《说文通训定声》等,皆引用或结合医学文献进行研究等。出土文物中的医学文献,如江陵张家山汉简《脉书》,安徽阜阳汉简《万物》等,以及甲骨文或某些早期金石文字中与医学有关的内容。

四、中医古籍图书馆

中医古籍信息量巨大,具有大数据的特点。据2007年出版的《中国中医古籍总目》记载,收录的珍贵中医图书来自全国150多家图书馆或博物馆,收录1949年以前出版的中医图书约13455种,基本上反映了当前我国中医古籍的存世和分布现状。现存中医古籍分布范围遍布全国各地,大多数保存于国内各中医学院校和研究机构的图书馆、国内省级以上综合图书馆内。南京中医药大学图书馆存有3000多种4万余册中医古籍,其中珍善本300多种,孤本10余种,还有多种名家抄本、稿本。中国中医科学院图书馆馆藏各类中医古籍6000余种,历代版本8000余个,约占存世中医古籍品种的60%。

浙江中医药大学馆藏特色明显,一是馆藏丰富。据统计,截至2011年,收藏中医古籍1614种,约1万多册线装古籍,其中善本115种,孤本12种。二是特色鲜明。以中医中药为主,涵盖内经、伤寒、金匮、温病,兼有妇儿、骨伤,侧重收藏医家以江浙名家为主,浙江籍作者的古籍达311种,其中最早版本为明宣六年(1431)的《素问病机气宜保命集》三卷。

截至2012年9月,天津医学高等专科学校图书馆古籍库收藏了1949年以前成书的中医药图书及部分社科书,共计1046部,1544种,6613册,馆藏以明清居多。最早的版本为元末明初的《明目方》(残)和明朝成化年间的《奇效良方》六十九卷、《医林类证》十卷及《全幼心鉴》四卷。所藏两个孤本《幼科类萃》二十八卷和《外经微言》九卷,因其珍贵价值,已于1984年由中医古籍出版社影印出版发行。

第三节 方志、史书和类书

一、方志

"方",是指地方、方域而言;"志",即志、记,是记载或记述的意思。方志,或称地方志、地志、图经,是以一定的历史时代和一定的地方(或行政区划)或某种特定地域的政治、经济、军事、文化、自然现象和社会现状的横向性的综合记述,是按照一定的体例而编纂的资料性的科学文献,包含一地的建置、沿革、疆域、山川、津梁、关隘、名胜、资源、物产、气候、天文、灾异、人物、艺文、文化、教育、民族、风俗等。方志反映了我国各族人民的现实生产状况、生产斗争、阶级斗争、科学实验、技术发展等方面的水平和成就,并为以后编写地方史和国史,积累可供取材的科学资料。

1.方志的种类

地方志是以特定地区的自然和社会事物为记述对象。从传统分类来看,一般都是把地方志分为区域志、专志、综合志、杂志等四类。

依其所记述的地域范围的不同,行政区域志可分为:总志,即记述全国范围内自然和社会现状的地方志书,如隋朝《隋区宇图志》、唐朝《元和郡县图志》、宋朝《太平寰宇记》、元朝《大元大一统志》、清朝《嘉庆一统志》等。省志,明清称通志,还有大志、全志、省图经等,如《安徽通志》《浙江通志》《山东通志》《贵州通志》等。府志,记述一府范围的地方志书。府为省以下、县以上的行政设置,如《苏州府志》《顺天府志》《昆山郡志》等。州志,记述一州范围的地方志书。州有直隶州(直属于省而不属于府)和散州(隶属于府的州,又称属州),如《太仓直隶州志》《江南直隶通州志》《泰安州志》等。厅志,记述一厅范围的地方志书。清朝设直隶厅和散厅。县志,记述一县范围的地方志书,清朝有"分县"附治于大县,如《无锡金匮县志》《常(熟)昭(文)合志》《泗虹合志》《续修叙永厅永宁县合志》等。乡镇志,侧重记述当地经济情况的地方志书,包括镇志、场志、里志等,如《乌青镇志》《黎里志》《北湖小志》等。边关志,包括关志、卫志、兵备志等。盐井志,清代云南修《黑盐井志》《琅盐并志》,除记载盐务外,亦具州县志内容。

专志,以某一特定的自然、社会现象为记叙对象的方志,例如水利志、气象志、矿产志、轻工业志等。如山水志(包括山志、水志、山水合志等),记述名山大川的沿革和历史,形胜、古迹,寺、观、物产,艺文及有关风物之事。水志包括河、海、湖、渠、水川,航运、灾害、历史和现实状况等。海防志,主要记载海防设施,地形、卫兵、边防、器械、战术训练等。岛屿志,记载河、湖、海洋中的岛屿情况的志书。其他如寺庙志,陵墓志、书院志、地名志、游览志等等,都是各特定地域环境和专门事项的志书。

综合志,以行政区划为单位,或以江河的自然流域为单位,或以某社会经济综合现象为记叙对象,但不同于一般行政区域志和专志,涉及的内容比一般专志要广而杂,但比行政区域志要窄。如地理志等。

杂志,最大特点,在于"杂",指片段和零星记载某地政治、经济、人物、文化等现象,无一定的系统和中心,如《平江纪事》《苏州杂志》等。

2.方志的特征和发展史

不同的事物,有不同的特征,地方志更有自己鲜明的个性和特征。

第一,方志的根本特征是地方性。我国众多的省、府、州、县等志书,各自记述其所辖区域,记载翔实,且因地理位置、风土人情、物产资源不同,呈现出特有的地方色彩和乡土气息。第二,方志是科学文献资料,是特定时间地点内某一项或多项事物的综合记载。第三,方志门类广泛,应有尽有。第四,方志是特定地区、特定时代的自然和社会的横向性记述。

中国方志,也是经过一个从无到有,并逐渐完善的发展过程。远古至春秋为我国方志的滥觞时期。从战国时期至魏晋南北朝,尤其《山海经》和《禹贡》等全国性区域志到各种地志的出现,是我国方志发展的第二个时期。隋唐是官修志书制度成立的时期。两宋是我国近代方志体例的大致定型时期。元明时期,是我国地方志由逆转到复苏时期,元明的统一志、地图、方志理论等,都在宋人基础上有所发展,出现简体方志和边关卫所志等。明代地方志,从元代之衰而转向兴盛。清代不仅是我国方志发展的全盛时期,而且也是方志学建立的时期。民国时期,呈衰象,但方志源流、体例、编纂方法,方志辑佚和方志目录研究整理上,却取得了空前的成就,是旧方志学的终结时期。

3.方志的内容

方志内容丰富多彩,如《嘉靖尉氏县志》关于学校教育的记载;《玉门县志》《荣县志》《抚顺县志》《古矿录》等详细地记载了各地的矿藏;《灵寿县志》《长洲县志》《江陵县志》《武昌县志》记载了各地物产;《罗江县志》《震泽县志》《于潜县志》《灵石县志》记载农业生产的技术与经验。方志的"祥异"或"灾异"等载有大量历代自然灾害的情况,如水旱、地震、虫灾等发生的时间、持续的状况、造成的损失等;《武乡县志》《竹溪县志》《大荔县志》《东光县志》记载我国流星、陨石、日食、月食、雨雪冰雹、极光等天文情况;《潞安县志》《新安县志》等记录了历史地理与自然地理;《永清县志》《高要县志》《兴宁县志》《增城县志》《熙宁长安志》记载少数民族的文化、经济、风俗和历史资料,还有宗教资料、赋役及其他资料,如农民斗争、反对外来侵略、文化艺术、人物传记、风俗方言、文物古迹等。

二、史书

西汉中期以前,"史书"一般是指书吏应掌握的文字及其书写技能和书法艺术,但在西汉末年逐步转化为历史书籍的含义。至唐代,史书概念为历史著作和史学图书,成为史学独立的一个重要表征。《史传》为刘勰所作,它是我国最早的、较为系统的史学史及史学理论研究专论。《尚书》和《春秋》也是中国较早的史书。藏文史书是传承藏族传统文化的重要载体,如蔡巴·贡噶多吉的《红史》、释迦仁钦德的《雅隆尊者教法史》、大司徒·绛曲坚赞的《朗氏家族史》、达仓宗巴·班觉桑布的《汉藏史集》等。《史书概览》共收集我国历代主要史籍近二百部。除二十五史按朝代顺序排列外,其余均按成书年代顺序排列。

1.史书的类别

《四库全书总目提要》的"史部"将史书分为15小类,顺次是:正史类、编年类、纪事本末类、别史类、杂史类、诏令奏议类、传记类、史钞类、载记类、时令类、地理类、职官类、政书类、目录类、史评类。就史书体裁来考述史部书籍,以正史、编年体和纪事本末体史书最为重要。

纪传体是我国古代历史撰述的一种基本体裁,也是极为重要的体裁。它创始于西汉司马迁著述的《史记》。《史记》是由本纪、表、书、世家、列传五种体例有机统一而成的综合体史书。本纪,主要是选择能左右天下大局的代表人物为主体,按历史发展的先后顺序记录自上古时期到汉武帝时代各历史阶段的政治大事。表,有月表、年表及世系表,仍是以时间为纲,综合展现同时发生的各种事件。书是以事为类,分别记载历史上的典章制度及其沿革。世家,记载诸侯、勋贵和对社会起过比较突出作用的人物及大事。列传是记载汉武帝以前的重要人物、少数民族、邻近国家和各种专业活动方面的人物事迹。东汉班固所著《汉书》继承并发展了《史记》的著述方法。《汉书》以西汉一代历史为主,改变了《史记》的通史形式而易为断代史,将世家并入列传,改书为志。

编年体是以时间为纲,按年月日顺序记载历史的编纂方式。这是我国也是世界史学发展史上,人类编写历史最古老的方法。我国是世界上最早创立编年体的国家,早在商周,人们就利用甲骨、青铜器记录事情。最晚从周平王四十九年(前722,即鲁隐公元年)开始,当时的各诸侯国就都有了编年记事的国史。战国左丘明的《左传》，东汉荀悦的《汉纪》，晋袁宏的《后汉纪》都是杰出的编年体史著。北宋神宗元丰七年（1084），司马光主编完成他19年心血的巨型编年体通史《资治通鉴》。

纪事本末体史书，一般认为创制于南宋的袁枢。凡一书具有诸事的本末或一书仅记一事本末的书入本类。如《通鉴纪事本末》《绥寇纪略》等，也是历代"别史"所采用的体裁之一。其以历史事件为纲记事前后连贯，条理分明。从述事方式说，它完全以某一历史事件发生、发展的整个过程为主线来采撷材料。本末体最大的特点在于它编排取舍史事的灵活性。从明代开始，本末体史书便明显地朝着三个方面发展。一是更自觉地去适应统治者的需要；二是务求考订精密，取材细琐；三是竭力去美化帝王的文治武功。代表作如明万历年间陈邦瞻的《宋史纪事本末》《元史纪事本末》和清顺治年间谷应泰的《明史纪事本末》。纪事本末体史书以清代撰写最多，达40余部。较为有名的有高士奇《左传纪事本末》、李有棠《辽史纪事本末》《金史纪事本末》、杨陆荣《三藩纪事本末》等。在编撰方面，清修本末有三个方面的特点：第一，除少数著作之外，都订立了"凡例"；第二，是注重考异；第三，改进体例，扩充本末体史书的容量，增强其表现力。

典志体也称"政书体"，是以典章制度为中心的史籍体裁之一。在东汉及以前，有很多非独立成书的典章制度专史，如《史记》中有"八书"较系统地记述了汉武帝之前历代典章制度的概况，《汉书》中则有"十志"。

2.史书分类解析

正史是研究封建王朝历史的基本参考资料。正史，就是被官方认定为正宗和正统的史书，最早将正史作为史籍类名的是《隋书·经籍志》。宋代时有十七史，《史记》《汉书》《后汉书》《三国志》《晋书》《宋书》《南齐书》《梁书》《陈书》《魏书》《北齐书》《周书》《隋书》《南史》《北史》《新唐书》《新五代史》；到明代，增加了《宋史》《辽史》《金史》和《元史》，成为二十一史；清代又增加《旧唐书》《旧五代史》和《明史》，遂成二十四史，二十四史是正史最为通行的说法；民国时，增列《新元史》或《清史稿》，为二十五史。这两部书同时列入，为二十六史。在唐代以前，正史一般为个人撰写，如《史记》为司马迁所著，《汉书》为班固所著，《后汉书》为范晔所著，《三国志》为陈寿所著。唐代以后，正史就开始由官方组织编写,如《晋书》,由房玄龄、褚遂良、许敬宗监修,编者共有21人;再如《隋书》先由魏征监修,后由长孙无忌接续,编写者则有孔颖达、许敬宗、于志宁、颜师古等一大批知名的学者。

别史,指的是官定的正史之外有体例、有系统、有组织的史书。"别史"之称最早由南宋的陈振孙在《直斋书录解题》中提出,别史与正史区分的标志就是是否经过官方的命定。在清朝乾隆皇帝钦定二十四史之前,《旧唐书》和《旧五代史》为别史,但经过乾隆的谕旨,这两部书则跻身于正史之列。

杂史的提法,最早见于《隋书·经籍志》。杂史的"杂"体现于两个方面,在形式上,杂史的体例不如正史和别史严谨,不同于正史和别史常用的纪传、编年、典志等;在内容上,杂史不限于以一朝一代或者某一历史阶段的政治大事为主。而是涉及非常广泛,包括学术史、科技史、方域史、地理志等多种专属领域的史著。杂史在体例和内容上都较为灵活,记录了许多不见于正史和别史的珍贵资料,或者因为有着专门的对象,讲述得更加细致。《国语》《战国策》《竹书纪年》《逸周书》《越绝书》《吴越春秋》等都是非常著名的杂史。

野史是一种习惯称谓,并非史籍中正式的分类,一般指私家所撰的涉及史实记录的笔记、史传、杂录等。野史内容多为作者耳闻目睹或者道听途说的逸闻趣事。野史的记载充斥着讹误和谬传,但也反映出历史真实的一面,蕴藏着大量正规史书中难以见到的社会生活的细节,为后人了解历史提供了另一种角度。鲁迅非常看重野史,认为若要正确地了解中国历史的真相,可以阅读历代的野史。

3.史书的发展

掌管史书(册)的人,即史官。史官由来已久,夏有左史、右史,商有巫史,其职责是沟通人与所谓"神"之间的关系。西周有大史、小史、内史、外史、御史等,各有所司,兼管典籍。"史"后来称作史书,我国历史书籍源远流长,根据不同特点,可以把它分为四个时期,即先秦时期、两汉魏晋南北朝时期、隋唐宋元时期和明清时期。

先秦时期是史籍的产生时期。如前所言,夏代已出现正式典籍。殷商而后,日渐增多。现存《尚书》《逸周书》《春秋》《左传》《周礼》等都是这个时代的代表作。两汉魏晋南北朝时期是史籍的发展和成熟时期。

这个时期的史籍有两个特点:第一,史籍数量剧增。历史文献的长期积累为人们编撰史书提供了大量资料。纸张的发明与普及,为大量编撰史书奠定了物质基础。私家修史成风,也是一个重要原因。第二,纪传体史书发达。据统计,这个时期的纪传体史书有五十种左右,其中影响最大的是《史记》《汉书》《后汉书》《三国志》等。这个时期人物传记著作大量出现。

隋唐宋元时期是史籍的繁荣时期。这个时期的史籍有三个特点:一是官方史书多。宋代史学发达,史书数量与种类繁多,史书流传广泛。一是,推崇历代名著如《史记》《汉书》等。名家以序、跋等方式推举普通学者著述的现象极为突出,如推荐裴及卿两部汉史著述《史汉四纪》和《汉注拾遗》。二是史书体系完备。除编年体、纪传体外,还有会要体、纪事本末体、纲目体、史评体、实录体、典志体等各种新史体。纪传体有魏澹《魏书》、张太素《后魏书》、李延寿《南史》和《北史》等。编年体有张太素《隋后略》、吕才《隋纪》、贾纬《唐纪年补录》、陈彭年《唐纪》等。"会要"创始于唐苏冕所撰的九朝会要,后经杨绍复续修,再经宋王溥增补,成为《唐会要》。纪事本末体始于南宋,如袁枢《通鉴纪事本末》、章冲《春秋左氏传事类始末》等。第三,通史渐多。由于官方重视,为修史书提供了良好的社会环境。科举制的产生,人才脱颖而出,成了史书编撰的主力军。雕版印刷的初步繁荣,为史书提供了更多的出版机会,极大地刺激了史书编撰。

明清时期是史籍的鼎盛时期。这个时期的史籍数量多。据《明史·艺文志》著录,明代共有史书1316部、24096卷。此时期历史著作考据多。清乾嘉学派带动史书的考证、补志、辑佚、辨伪等。钱大昕《廿二史考异》、赵翼《廿二史札记》和王鸣盛《十七史商榷》是清代三部考据学名著。清代的乾隆朝,是中国古代官方修书的峰盛时期,尤以史部书籍为最,先后编纂了130余种史书。

三、类书

类书是辑录各门类或某一门类的资料,按照一定的方法编排,便于寻检、征引的工具书。或者类书是辑录一类或数类资料,按照一定的方法编排,供检索的一种工具书。类书的基本功能是把文献资料分类编次,重辑成书。其实类书是一种知识性的资料汇编,兼有"百科全书"和"资料汇编"的性质,是社会文化发展到一定阶段的产物,是人类分类意识、分类能力达到一定高度,知识沉淀达到一定程度的必然结果。

类书的特点:一是分门别类,对辑录的资料按一定的顺序分类编排。二是录而不作,辑录古籍原文中的部分或全部资料。三是历史久远。四是种类繁、卷帙多。五是涉及内容广泛,天地、自然、人事、鬼神、物产、制度等。

1. 类书的发展

类书是我国古代特有的一类典籍,被人们称为"中国的百科全书"。作为一种较为特殊的著述体裁,经历了1000余年的发展。编纂之初以记录各类文字文献为主,南宋郑樵所作《通志·图谱略》首次将图像作为文献编入类书。三国时期的《皇览》,南北朝时期的《华林遍略》《修文殿御览》,唐代的《文思博要》《三教珠英》,北宋的《太平御览》《册府元龟》,明代的《永乐大典》,清代的《渊鉴类函》《骈字类编》等产生了广泛的影响。

类书的编撰起源,主要有三大类:奉朝廷诏命官修、文人读书抄录汇集而成、书坊编集或坊主延聘文人编集等。

三国时期,魏文帝曹丕是当代著名文学家,重视文化事业,不仅个人著述,还特意组织当代名家学者王象、桓范、刘劭、韦诞、缪袭等,编辑经传,随类相从,凡千余篇,编成我国历史上第一部大型类书,名为《皇览》。《皇览》分40余部,每部数十篇,共800余万字。从延康元年(220)开始编纂,经数年才完成。

南北朝以来,骈体文盛行一时。其中较有名的有《华林遍略》《修文殿御览》等。我国古代类书,最初多以专辑故事为主,如《皇览》《华林遍略》。稍后乃有捃拾字句的,如《语对》《语丽》等。到了唐代以后,才出现事文兼采的类书。

唐代类书已具发展规模,其中著名类书有:虞世南编《北堂书钞》173卷,分80部,801类。欧阳询等编《艺文类聚》100卷,高士廉等编《文思博要》1200卷。唐代类书,多已亡佚,今存者仅四大类书,即《北堂书钞》《艺文类聚》《初学记》《白氏六帖事类集》。其中由欧阳询等编的《艺文类聚》最有名。

宋代类书编纂,取材广泛,内容渊博,就其数量与种类均已超过唐代。宋朝官修的《太平广记》《太平御览》与《册府元龟》都是完成于宋朝初年,号称三大类书,在中国类书史上占有重要地位。唐宋类书数量众多,其发展大体上处于从官修为主向文人私撰为主的过渡时期,北宋真宗《册府元龟》类书修纂大体以官修为主。两宋时期类书编撰主体主要分为三个层次,以文人私撰类书为主,兼及官修类书和民间日用类书。

元明以后的类书,官方和民间类书修撰均较发达。《四库全书》所收类书,包括著录、存目,合计282种,其中明代就有139种,几乎等于隋、唐、宋、元、清各代类书的总和。据赵含坤《中国类书》统计,宋辽金元的类书计有297种,14000多卷,而明代的类书多达597种,40500多卷,远远超过前代类书之总量。

明清两代类书,种类繁多,流通使用范围更加广泛,比前代有较大的发展。明朝解缙等人编纂的《永乐大典》与清朝陈梦雷等人编纂的《古今图书集成》,都在万卷以上,规模宏伟,是贯通古今的巨著。一是由于宋以后书籍日益增加,选材广泛,搜集容易。二是由于当时文化事业的发展,人们需要提供大型综合性工具书,以便于检索和参考。明清类书突破了前代类书内容与形式的范围,具有显著的成就。私人编撰的类书,种类很多。如邹道元编《汇书详注》三十六卷,俞安期编《唐类函》二百卷,唐顺之仿《山堂考索》而撰《荆川稗编》一百二十卷等。

《古今图书集成》是现存类书中规模最大、用处最广、体例也最完整的一部类书。清代官修类书,除《古今图书集成》外,还有康熙时张英等撰的《渊鉴类函》四百五十卷,康熙时编撰、雍正时成书的《子史精华》一百零六卷,康熙时刊行的《佩文韵府》。清代私人修纂的类书,如陈元龙的《格致镜原》一百卷,魏崧的《壹是纪始》二十二卷,补遗一卷,还有《宋稗类抄》《清稗类抄》等。

2.类书性质

类书作为一个书籍种类,主要是以其编纂方式方面的特征划分出来,自成一类。除了编纂方式方面的特征之外,类书当然也具有普通书籍所包含的其他元素,如作者、内容等。

类书的取材范围,是指其汇编资料的来源与范围。又可分为:①专以某一部书为取材对象者。如以专从《文选》中取材的《文选双字类要》

《文选类林》《文选锦字录》。②专以某一或某几种类别书籍为取材对象者。如《六经类雅》《八经类集》《诸经纂注》《十三经类语》等。③专以某种文体为取材对象者。如专取四六骈文材料的《圣宋名贤四六丛珠汇选》《诚斋四六发遣膏馥》《四六标准》等。④专以某方面材料为取材对象者。如《通典》《册府元龟》《文献通考》等专门编录有关历史和政治制度方面的资料。⑤还有博采群书,兼收各体,综合各方面材料者。如《永乐大典》《古今图书集成》等大型类书,其汇编资料的内容涵盖了政治、历史、农业、军事、文学等诸多方面。

类书所收录材料的性质,是指其汇编材料时偏重原始材料中哪些方面的性质。典故事实,指类书编录材料时偏重其典故事实或情节等方面的性质。如《事物纪原》《说略》等。词藻字句,指类书编录材料时着眼于原始材料中的词藻字句,对这些文学性较强的文字进行有选择的摘编。如《文选双字类要》《佩文韵府》《骈字类编》等汇集词藻。格式活套,指类书编录材料时,将某些文体的格式或结构中的可替换的元素拆分出来,归类编排,以便作者根据实际情况灵活选用可填充到相应格式或结构中的内容。如《新编事文类聚翰墨全书》《新编事文类要启札青钱》等类书将启札文体中的问候语、敬称、时节寒暄用语等部分都拆分出来,把可供选择填充其间的词句套语按照拆分部分及应用场合分别排列。收录全文,是指类书分门别类编次诗词文章的全篇,如《文选》《文苑英华》等。收录图表,指类书中收录图、表、谱一类的资料。如《三才图会》《事林广记》《图书编》等。各体兼收,指类书中综合收录上述五种材料,如《艺文类聚》《初学记》《事文类聚》等。

材料的排列次序是指类书在汇编材料时按何种次序来对其进行编排。根据这项最能体现类书编纂方式的特征,可将类书分为以下几种:分门别类,指类书根据社会生活或文化制度或是文章体裁等诸方面对收录材料进行归类编排。依韵编次,是指类书根据资料中主要字句的首字或末字在韵部中的次序来编排资料。以数为纲,是指类书在编排材料时,依照材料中含数字词的数字次序归类排列。比较异同,是指类书在编排材料时将性质、情节相似或相反的事类对比排列。材料的编纂形态是指类书编纂时具体以何种文本形态来呈现材料:直接摘录材料内容者、以骈语偶句编排材料者、以韵语诗文编排材料者。

第五章　民族古籍资源

第一节　满文古籍

我国的满文古籍,主要是指清代用满文创作的各种著作和以满文翻译的汉文古典名著(也包括少量蒙古文、藏文古籍的满文译著)。据学者初步统计,全国 17 个省、直辖市、自治区 48 个单位收藏的满文古籍约 1015 种,近 10 万册,石刻拓片约 693 种,多为善本,其中也有珍本、孤本。这些图书资料,对于研究清代历史、满族历史和满族语言文字、文学艺术等均具有重要价值。

一、满文古籍研究

满文古籍文献是中华民族文化遗产的有机组成部分。经过几代人的长期不懈努力,在满文古籍文献的整理、翻译、出版、研究诸方面都取得了显著的成绩。满文古籍文献中公文档案占绝大多数,其涉及面极为广泛,包括内政、政法、民族、宗教、财政、军事、矿业、交通、农业、牧业、工程、文化、地理、天文、教育和外交等方面,所反映的内容在汉文档案和其他文献中不多见。满文古籍文献内有大量的汉文典籍的翻译作品,由官府组织用满文翻译的四书五经、佛教经典,以及各朝历史和古典文学等方面的汉文典籍。满文古籍文献内还有一定数量的多种文字合璧的有关语言文字方面的书籍,比如满汉文字合璧,满蒙汉三种文字合璧,而其他类的合璧者较少。《大清全书》是清代最早刊行的满汉合璧音序辞典,收入大量的满文古词和汉语音译借词。《御制五体清文鉴》是汉、满、蒙古、藏、维吾尔5种文字编写的大型辞书。目前藏有满文古籍的国内重要机构有北京图书馆、北京大学图书馆、首都图书馆、中国科学院图书馆、中国社会科学院历史研究所资料室、雍和宫资料室、民族文化宫图书馆、故宫博物院图书馆、中国历史博物馆图书馆、台北故宫博物院、台湾"中央"图书馆等。

故宫内大量满文图书档案的发现促进了满文古籍的研究,特别是《满文老档》的发现,引起了国内学者的极大关注,并开始研究。1935年,故宫博物院组织人员对《满文老档》进行系统的整理和研究,由于战乱被迫中止研究。中华人民共和国成立后,是满文古籍研究的发展时期,科研成果不断问世,硕果累累。例如再版了满文《三国演义》《水浒传》《西游记》《清文虚字指南编》《清文启蒙》《旧满洲档》《锡伯(满)语词典》《尼山萨满传》等书,还整理翻译了很多满文古籍文献。已经出版的有《清代中俄关系档案史料选编》《盛京刑部老档》《赫图档》《顺治年间档》《国史院档》等。

除中国大陆外,我国台湾省的满文古籍研究工作者,也做了不少的工作,翻译出版了一批满文古籍文献。

二、满文古籍分类

现存的满文古籍,基本可分文书档案、著译图书、地理舆图类、碑刻碑铭、谱牒家谱五大类。

文书档案类。满文文书档案主要是清王朝最高统治者皇帝、国家机关和官员在政务活动中形成的官方文书,在清代档案中占有重要地位。时间起于明万历三十五年(1607),止于清宣统三年(1911),前后三百余年。中国第一历史档案馆所藏就达160万件(册),主要是清代中央机关档案。此外,辽宁、吉林、黑龙江、内蒙古、西藏等地的档案馆也藏有数量可观的地方衙署档案。粗略统计,全国存满文档案在200万件(册)以上。档案文体齐全,有皇帝颁发的诏令文书,如制、诏、诰、敕、谕、旨等;有臣工上奏的文书,如题、奏、启、揭帖、表、笺等;有官署往来文书,分上行文、下行文、平行文。此外,尚有修书各馆档案,如圣训、实录、本记、起居注、方略等。

满文档案的内容极为丰富。中国第一历史档案馆的满文文书档案，分属十余个全宗。其中内阁全宗满文档案、军机处全宗满文档案、宫中全宗满文档案、内务府全宗满文档案与宗人府全宗满文档案五大全宗最为重要。内阁全宗满文档案历史最久，其中自天命至雍正前五朝的档案最为重要，诸多军国大政均有反映。特别是《满文老档》《内三院满文档案》尤为珍贵，是研究清朝开国史以及清朝前期的政治、经济、军事、民族等必不可少的重要资料。军机处全宗满文档案，主要有月折档、上谕档、议覆档及各种专题档案。

著译图书类。清政权建立前，在崇德四年（1639）达海等人，用新满文翻译了汉籍《刑部会典》《素书》《万宝全书》《三略》等。清定都北京后，翻译了《水浒传》《金瓶梅》《西厢记》《春秋》《明史》《几何原则》《晴雨录》等，总计80余部。除翻译本外，还有用新满文编写的有关哲学、历史、语言、文艺等方面的大量著作，如《清文汇书》《随军纪行》《百二老人语录》等。清代在编纂满文或满文与其他民族文字合璧的辞书方面，也取得了很大的成就，包括刊本和抄本近一百种。如《大清全书》《清文汇书》《清文补汇》《清文总汇》《御制清文鉴》《御制增订清文鉴》《五体清文鉴》（满、蒙、藏、维、汉）等。

地理舆图类。清代地理舆图是满文古籍文献中重要的组成部分之一。清代地理舆图分天文、舆地、江海、河道、武功、巡幸、名胜、寺庙、山陵等十三类。其中有满文、满汉合璧的，有绢本彩绘、纸本墨绘。地理舆图不仅有全国性的大地图，而且有分省地图，不仅有内地地图，而且有边疆地图及少数民族分布图。如《皇舆全览图》《清内府一统舆地秘图》《云南军管图》《口外各路图》《口外五路总图》，满汉类地理舆图有《皇舆全览》《内外蒙古地图》《五省边口图》等。

碑刻碑铭类。清定都后，在北京、盛京（今沈阳市）、兴京（今辽宁新宾县）及全国许多地方都建立了石碑。碑铭是研究历史的重要资料之一。清代的碑刻种类很多，有墓碑、谕祭碑、封诰碑、军功碑、寺庙碑、塔楼碑、祠堂碑、宫殿碑、地产碑、桥道碑、进士题名碑、下马碑等，墓碑和封诰碑数量最多，碑文多是满汉合璧。《北京满文石刻拓片目录》收载文献640余种。《达海碑》，全名为《谥文成达海巴克式碑》。达海是清朝开国时期著名的政治家、翻译家，是老满文的改进者。《太平寺碑》，又称

《锡伯家庙碑》,碑文为满文,今收藏于沈阳故宫博物院,是关于锡伯族的唯一的一件历史文物。

谱牒家谱类。清代宗人府掌管皇族事务,凡皇族之生死、婚嫁、封爵、升降、教养、抚恤、谥葬等事,均由宗人府记录,分别按期汇编谱牒。生者为红字,死者为黑字,分玉牒、皇册、星源吉庆三种。玉牒就是皇帝的家族谱。清代,大约十年纂修一次玉牒。自顺治十八年(1661)首次修玉牒,清代共修玉牒二十八次。早期玉牒用满文书写,雍正始用满、汉两种文字。清代玉牒对于研究清代的典章制度、宫廷历史、皇族户籍,以及人口学、谱牒学方面,均有重要价值。皇册是记载皇族封爵的名册,凡皇族袭位、封爵职,以及死、降、革、更名等均记之。星源吉庆是横格玉牒的另录本,起于嘉庆二十二年(1817)。清代玉牒保存最完整,第一历史档案馆收存各种玉牒2600余册。历代王朝均修玉牒,但清朝以前的玉牒都未流传,仅清代的玉牒保存完整。

其他的满文古籍还有满族口传文学等。满族口传文学是满族劳动人民口头创作的,长期流传下来的有神话传说、民间故事、歌谣等,其内容和形式多样。《满洲实录》是记载清太祖努尔哈赤的实录,成书于天聪九年(1635)。还有满族口传文学《满洲源流考》《清实录》《东华录》等。

三、满文古籍研究主要著作

1990年,新疆民族古籍办公室校勘整理《六部成语》加以并补编了满汉文查字索引,新疆人民出版社出版。该书现存最早的版本为乾隆七年(1742)京都永魁堂重刻本,内容以吏、户、礼、兵、刑、工六部为序,每部成语为一卷。

1991年,新疆人民出版社出版了满汉合璧《西厢记》。该书有康熙四十九年(1710)京都文盛堂刻本,是研究满族文学语言的参考材料。

1992年,石光伟、刘厚生编著《满族萨满跳神研究》,吉林文史出版社出版。根据流传在民间的萨满神本和一些萨满的说唱录音,从中选录近百首经过整理编译而成,反映了在松花江流域以石克特里氏为代表的部分满族先民的萨满信仰活动和民族习俗,对研究满族历史、文化和宗教有重要价值。

2004年,郭孟秀著《满文文献概论》,民族出版社出版。对满文档案概况进行了系统阐述,是研究满文档案的基础性参考读物。

2006年,吴雪娟著《满文翻译研究》,民族出版社出版。详细讲述了满汉翻译的理论和方法,是我国第一部研究满汉翻译的著作。

2008年,北京市民族古籍整理出版规划小组办公室满文编辑部编《北京地区满文图书总目》,辽宁民族出版社出版。分别收录了北京地区各图书馆、档案馆和博物馆等多个单位的满文图书、部分满文档案、经文和满文碑刻拓片,为查阅满文书目和满文碑刻拓片提供了查询工具。

2012年,辽宁省档案馆编《满洲实录》共8册,辽宁教育出版社出版。

2012年,富察恩丰辑,周斌点校《八旗丛书》,西南师范大学出版社出版。

2013年,吴元丰等主编《清代东归和布克赛尔土尔扈特满文档案全译》,新疆人民出版社出版。

2015年,尹郁山、许淑杰编著《满族石姓家族全书》,吉林人民出版社出版。

2015年,宋瞳著《清初理藩院研究——以顺治朝理藩院满文题本为中心》,上海古籍出版社出版。将顺治朝除司法案件的所有满文题本为素材,对清朝初年理藩院机构的政治职能与运行机制进行探讨。

2016年,赵令志、鲍洪飞、刘军主编《雍和宫满文档案译编》,共2册,北京出版社出版。

2016年,内蒙古自治区阿拉善左旗档案史志局编《清代阿拉善和硕特旗满文档案选编》,共10册,国家图书馆出版社出版。

2017年,(美)白彬菊著、董建中译《君主与大臣清中期的军机处1723—1820》,中国人民大学出版社出版。对军机处的前身、军机处的建立与扩张、军机处的改革及最后的结局进行了探讨,重现了军机处的演变过程,解答了军机处和皇帝的关系、设立军机处的优缺点及军机处改革的原因等相关问题,具有极高的学术价值。

2017年,中国第一历史档案馆满文部、黑龙江省档案馆、黑龙江省社会科学院历史研究所编《黑龙江将军衙门档案》,共2册,黑龙江人民出版社出版。

第二节　藏文古籍

中国史籍对于藏族称呼有很多。周秦曰"戎",汉魏曰"羌",唐宋曰"吐蕃"。元明称其地曰"乌斯藏",其人曰"番"。清初称"土伯特"或"图伯特"。雍乾后,称其地曰"西藏",其人曰"唐古特"。清末,分其地为康、藏、青海三部,称其人曰"藏番"。民国肇建,始称藏族。藏族是我国具有悠久历史的古老民族之一,主要分布在西藏、青海、四川、甘肃、云南等省区。

藏文属拼音字母文字。7世纪,由吐蕃大臣图弥三菩札参照梵文字母体系创制。此后至15世纪初的800多年间,曾先后经过三次厘定。藏族古籍的形成始于佛教经典翻译,历经1300多年,形成了浩如烟海的文献,如《藏文大藏经》。除佛教经典外,还有历史、天文、历算、文学、医药、逻辑等方面的文献。以木刻印本居多,也有部分手抄本和石印本。敦煌文书中藏文文献有5000余卷,都是有关西藏历史文化的重要资料,现收藏于英法等国。

一、藏文古籍研究

藏学研究已形成学科体系。在旧西藏,藏学研究的范畴主要是"大五明"(声明、工巧明、医方明、因明、内明)、"小五明"(诗词、词藻、韵律、戏曲、历算),关注的领域是宗教,服务的对象是词藻、韵律、戏曲、历算。

藏学研究是一门既着眼历史,又立足现实的学问。从五个方面纵深发展。第一围绕西藏和藏族历史的研究,探索藏族社会发展的历史规律和特点。出版了7卷本《元以来西藏地方与中央政府关系档案史料汇编》和2卷本《元以来西藏地方与中央政府关系研究》。第二围绕藏传佛教的研究,探索藏传佛教的发展历史、各种教派、传承制度、教义教规,编纂出版了《十三世达赖圆寂致祭和十四世达赖转世坐床档案选编》《九世班禅圆寂致祭和十世班禅转世坐床档案选编》等。第三围绕西藏和藏区的经济社会发展中的重大理论和实际问题,开展了"区域成本差异对西藏经济的影响""西藏扶贫攻坚研究""青藏高原环境与发展"等研究。第四围绕藏族文学和艺术研究,藏文《大藏经》是国内外学术界公认的具有百科全书性质的藏族古籍,是藏学研究重要的基础资料。第五围绕传统科技和藏民族风俗研究。

藏文古籍文献,是指11世纪以来的藏区有关宗教及历代地方政权的有关文书档案及学者的著译,即整个藏族古籍文献的主要构成部分。它不仅数量庞大,内容也较广泛。不仅有手抄本、石刻本,更有大量的木刻本,大都保存于各地印经院中。藏族古籍中最享盛誉的是《格萨尔王传》。它是我国三大英雄史诗之首,流传于所有藏族地区,大约产生于11世纪,有六七十种版本,诗长一百多万行,1500多万字,已有英、法、俄、德、日、印度、土耳其等多种文字译本,是中华民族文化宝库中不可多得的瑰宝。

藏学研究的学术交流活动活跃,如西藏社会科学院邀请、接待了20多个国家和地区的藏学家和学者,开展了一系列卓有成效的藏学学术交流与合作。与此同时,多次派遣专家学者参与国际藏学学术活动及其他藏学学术会议,先后出访了十几个国家和地区。国际藏学大会每四年一届,还有中法藏学研讨会、中国藏学研讨会等多个交流平台。

二、藏文古籍分类

按历史顺序划分,藏文文献可分为两大类:第一大类为吐蕃时期的古藏文文献;第二大类为11世纪以后,历代藏族学者著录和翻译的藏文典籍。

7世纪中叶至9世纪中叶,是吐蕃王朝的鼎盛时期。这一时期形成的文献称吐蕃文献。吐蕃文献主要包括佛教典籍、敦煌藏文写卷和金铭石刻与木简。

①佛教典籍:在赤德祖赞(704—755)和其子赤松德赞(755—797)两位藏王时期,翻译了印度《金光明经》等五部经典及译自梵、汉两种文字的佛经,编成《翻译名义大集》。先后编成三个梵、汉文译经目录:《丹噶目录》《钦浦目录》《旁塘目录》。

②敦煌藏文写卷:其内容十分广泛,有记载吐蕃王朝115年的编年史、历代藏王传记、小邦家臣及藏王世系;完整的典章制度、法律文书、

土地文书、军事设施、地方职官、交通驿站、奴隶买卖契约、债契、民事诉状、来往信札等社会文书；有远古神话故事、诗词、民歌、谚语、卜辞等文学资料，还有译自梵、汉文的历史、文学、佛经等研究古代语言罕见的珍贵资料。绝大部分被斯坦因、伯希和等窃走，今分藏于大英博物馆和法国国家图书馆。

③金铭石刻与木简：现存的金铭石刻主要有唐蕃会盟碑、达扎路恭纪功碑、噶琼寺建寺碑、桑耶寺兴佛证盟碑、楚布寺建寺碑、赤德松赞墓碑、协拉康盟书刻石、第穆萨摩崖石刻等。另外，在新疆若羌米兰古堡出土的古藏文木简、文书、羊肩胛骨卜辞300余件。

第二大类的藏文书籍，是现存藏文文献典籍的主体部分，其中重要者皆收录于藏文《大藏经》中。《大藏经》总分为《甘珠尔》《丹珠尔》两大部分。

三、藏文古籍研究主要著作

1981年，王辅仁、索文清著《藏族史要》，四川民族出版社出版。

1985年，黄奋生著《藏族史略》，民族出版社出版。

1989年，邓锐龄著《元明两代中央与西藏地方的关系》，中国藏学出版社出版。以历史事实为依据，对元代以来历代中央政府治藏政策进行了全面而系统的研究，全面反映了元以前和元代以来西藏地方与中央政府的政治、经济、文化的关系。其内容极为丰富，是研究汉藏关系等问题弥足珍贵的资料。

1990年，谢重光、白文固著《中国僧官制度史》，青海人民出版社出版。对藏地僧纲司制度的演变进行了研究，作为土司的补充形式。

1994年，中国藏学研究中心等编《元以来西藏地方与中央政府关系档案史料汇编》，中国藏学出版社出版。

1995年，黄玉生等编著《西藏地方与中央政府关系史》，西藏人民出版社出版。

1996年，杨绍猷、莫俊卿著《明代民族史》，四川民族出版社出版。对明朝在乌斯藏、西番卫所土司制和明代藏族社会经济发展等方面的内容进行了阐述和介绍。

1997年，王森著《西藏佛教发展史略》，中国社会科学出版社出版。

1997年，陈光国著《青海藏族史》，青海民族出版社出版。

1999年，顾祖成编著《明清治藏史要》，西藏人民出版社出版。是研究明代治理藏区重要的专著之一。该书以大量翔实的一手资料，通过介绍明清时期对西藏统属关系的确立和西藏归入中央政府统辖，全面系统阐述了明清王朝对西藏地方有效治理的历史事实，揭示了西藏是我国领土不可分割的一部分的历史事实。

2000年，尹伟先著《明代藏族史研究》，民族出版社出版。是研究明代藏族历史的专著，书中对于明代藏族史的诸多问题均有介绍和讨论：元末明初的藏区政教状况、帕木竹巴地方政权的建立与行政体制、明代藏传佛教各派的活动、"多封众建"的宗教政策等。

2000年，赵萍、续文辉编著《简明西藏地方史》，民族出版社出版。对藏族社会经济文化的论述和探讨。

2004年，赵心愚著《纳西族与藏族关系史》，四川人民出版社出版。著述了藏族与纳西族关系的研究。

2005年，法石泰安著、耿展译《西藏的文明》，中国藏学出版社出版。

2006年，华林著《藏文历史档案研究》，云南大学出版社出版。

2008年，李清凌著《元明清治理甘青少数民族地区的思想和实践》，中国科学文化出版社出版。对元明清时期中央政府治理甘青藏区政策及其演变进行了全面总结和研究。

2008年，陈崇凯著《西藏地方经济史》，甘肃人民出版社出版。

2010年，贾霄锋著《藏区土司制度研究》，青海人民出版社出版。对藏区土司制度渊源、形成和发展的历史进行了全面考察和研究，分析了藏区土司制度的特质。

2012年，更堆著《西藏陶质建筑饰件发展史略》，西藏人民出版社出版。

2014年，尼玛次仁等著《中国地域文化通览——西藏卷》，中华书局出版。

2017年，袁爱中著《西藏民族文化传播的历史、理论与现实》，西藏人民出版社出版。立足西藏民族文化传播语境，以文化形态的更替演进史和媒介形态的变迁史两条轴线，分析了西藏文化传播的历史，阐述了西藏文化传播的理论与现实问题。

第三节　蒙古文古籍

历代对蒙古族记载不一,唐辽宋金分别称之为"蒙兀""朦瓦""萌古""盟古",明初修《元史》时始称蒙古。额尔古纳河东岸一带是蒙古部落的摇篮,从早期盟主孛端察尔时起,包括札剌答、巴阿里、别勒古纳惕、合答斤、撒勒只兀惕、孛儿只吉、沼兀列亦惕等部落。1206年,铁木真不古纳惕即大汗位,号成吉思汗,蒙古族自此进入了国家的时代。1211—1215年大举南下向金进攻,占中都(今北京)。1219年发动西征,将版图扩大到中亚和南俄地区。1260年,忽必烈继汗位,把统治中心由漠北的和林迁至燕京,称大都(今北京)。1271年改蒙古国号为"元"。1279年,灭南宋,统一了全国,对全国行政管理体系和区划进行了变革。

蒙古文古籍文献具有丰富、多样、分布广、源远流长的特点,民间还散存着数量可观的口碑文献。

一、蒙古文古籍研究

蒙古文文献的发展经历了四个发展阶段。第一阶段蒙古"原始文献",多表现为蒙古高原地区岩画描绘的原始图画与刻符等。蒙古地区岩画是绘、刻在岩石上的史前时期形象性"史书文献"。例如,贝加尔湖地区岩画、额尔齐斯河流域岩画、阿尔泰山岩画、阴山岩画等,反映了史前时代亚欧大陆干旱地区先民以及后来的蒙古等游牧民族生存、生活画卷。第二阶段蒙古文手工文献,包括13—19世纪的蒙古文羊皮、桦皮、布帛、纸质手写文献;蒙古文碑、摩崖、牌符、地图、曲谱手写文献;自14—19世纪末的蒙古文木刻版、石刻版资料等。第三阶段蒙古文近代文献,包括自19世纪末至20世纪80年代,用活字铅印技术印刷出版的蒙古文图书资料。最早用活字铅印技术印刷出版的蒙古文图书,于19世纪末在俄罗斯彼得堡诞生。之后,于20世纪20年代,由特木格图创办北京蒙文书社,在中国开始使用活字铅印技术印刷出版蒙古文图书资料,这一技术一直沿用到20世纪80年代。第四个阶段自20世纪80年代以来,进入蒙古文以电子技术为核心的现代文献时代。

国内学者中,乌丙安、满昌、贺·宝音巴图、波·少布等众多学者专门研究了蒙古族民间信仰,他们的研究大致可以分为三个专题:

其一,萨满教信仰研究。代表性著作有:乌丙安的《神秘的萨满世界》、满昌的《蒙古的萨满教》、贺·宝音巴图的《蒙古萨满教事略》等。另外,在综论中国萨满教信仰文化的论著中,也涉及蒙古族萨满教信仰,如郭淑云的《原始活态文化:萨满教透视》、孟慧英的《尘封的偶像:萨满教观念研究》等。

其二,成吉思汗信仰研究。1884年俄国学者普塔宁所做的调查和1910年姆察拉诺写的《鄂尔多斯的成吉思汗陵》是早期的调查报告。20世纪80年代以后的成果有:赛音吉日嘎拉和沙日勒代的《成吉思汗祭典》、道荣嘎编的《成吉思汗祭经—蒙古古籍汇集》、奇忠义等校堪《成吉思汗金书》等。

其三,其他专题的研究。其中包括属于萨满教与喇嘛教双重范畴的敖包信仰、神树信仰、火神信仰、天神信仰的研究。

蒙古族历史上的游牧迁徙及近代一百多年的帝国主义侵略和文化掠夺,使得大量蒙古文古籍流失和散落国外。在国外,许多国家都设立了蒙古学研究机构,在蒙古学方面取得很多研究成果,并有许多珍贵的蒙古文古籍被译成外文出版。

二、蒙古文古籍分类

根据蒙文史料内容可分为史书和碑刻文书资料。

蒙古文史书中,较著名的有《元朝秘史》新译(或注释)、复原本。此外,还有蒙文史书《十善福白史》《汉译蒙古黄金史纲》等。

元代使用两种蒙古文字用于碑刻、文书。1983年,道布汇辑了《回鹘式蒙古文文献汇编》,收集文献22件,附有新蒙文转译和简要说明。八思巴字蒙文资料比较丰富,蔡美彪做了许多搜集、研究工作,发表《元代圆碑两种之考释》《泾州水泉寺碑译释》等多篇论文。1991年,照那斯图汇辑了《八思巴字和蒙古语文献》,收集碑刻、文书40件,并撰写了《南华寺藏元代八思巴字蒙古语圣旨的复原与考释》等多篇译释;他与道布合撰的《河南登封少林寺出土的回鹘式蒙古文和八思巴字圣旨碑考释》,对新近出土的同一块碑上所刻的宪宗九年、中统二年、至元五年、皇庆元年四道圣旨（前三道为回鹘式蒙文，后一道为八思巴字蒙文）做了详细的语言和历史研究译注。亦邻真《读1276年龙门禹王庙八思巴字令旨碑》在注释中讨论了若干古蒙古语语法问题，对鲍培的译注做了订正。

根据蒙文文字形式，蒙古古籍分有文字类和无文字类资料。

蒙古古籍文献有文字类，包括蒙古族文字及其记载的文献典籍和历史文书、蒙古古文字和其他文字合璧记载的文献典籍；用汉文记载的有关蒙古民族资料的古代文献。蒙古族与其他文字合璧的文献种类很多，但蒙藏满汉维合璧较为罕见。1999年出版的《中国蒙古文古籍总目》对蒙古文古籍文献的抢救整理影响较大。

蒙古古籍文献无文字类主要是口碑古籍，是蒙古族先民在历史上以口耳相传的形式流传于民间的，具有历史和文学价值的各种史料，大多反映蒙古族的民族起源、历史变迁、风土人情、生活习俗、民族性格等。

三、蒙古文古籍研究主要著作

1980年，萨囊彻辰著，道润梯步译校《蒙古源流》，内蒙古人民出版社出版。

1985年，朱风、贾敬颜译《汉译蒙古黄金史纲》，内蒙古人民出版社出版。

1986年，杜荣坤、白翠琴著《西蒙古史研究》，新疆人民出版社出版。

1987年，内蒙古社科院历史所《蒙古族通史》编写组编《蒙古族通史》，共2册，民族出版社出版。

1999年，乌·托娅著《国际蒙古学研究概述（蒙文）》，内蒙古文化出版社出版。

2000年，乌兰著《〈蒙古源流〉研究》，辽宁民族出版社出版。

2001年，双福著《〈蒙古秘史〉还原及研究》，内蒙古人民出版社出版。

2004年，齐木德道尔吉等著《清内秘书院蒙古文档案汇编》，共7册，内蒙古人民出版社出版。

2006年，马大正著《卫拉特蒙古史纲》，新疆人民出版社出版。

2009年，乌·托娅著《蒙古文出版史》，内蒙古教育出版社出版。

2010年，忒莫勒著《内蒙古旧报刊考录1905—1949.9》，远方出版社出版。

2012年，乌兰校勘《〈元朝秘史〉校勘本》，中华书局出版。

2013年，胡日查著《清代蒙古寺庙管理体制研究》，辽宁民族出版社出版。

2013年，王钟著《民国内蒙古期刊封图志略》，内蒙古教育出版社出版。

2014年，丹碧、格·李杰编著《卫拉特蒙古托忒文字历史文献译编》（蒙古文），新疆人民出版社出版。

2014年，阿·马·波兹德涅耶夫著，额尔登别力格、阿力玛、桂兰、尼玛达瓦等译《阿·马·波兹德涅耶夫对蒙古民间文学的研究》（蒙古文），民族出版社出版。

2014年，余大钧译注《蒙古秘史》，内蒙古大学出版社出版。

2014年，芈一之、张科著《青海蒙古族简史》，青海人民出版社出版。

2016年，张继龙著《阿勒坦汗与土默特》，内蒙古人民出版社出版。

2016年，青格力编著《青海·西藏游记》（蒙古文），内蒙古人民出版社出版。

---

① 本节图书馆资料均来自图书馆官方网站，搜索时间2018年5月1日至2018年5月10日。

第六章　图书馆古籍资源

第一节　高校图书馆古籍资源①

图书馆作为公共文化机构的一个重要职能是保存人类的文化遗产。本节简要综述了近40个大学图书馆的古籍收藏情况,重点介绍了27个主要大学图书馆的古籍藏书特点。

1.北京大学图书馆

古籍是北京大学图书馆最重要的馆藏之一,总量达150万册,其中善本古籍约2万余种、20余万册,居全国高校之首。2008年以来,北大图书馆共有352部古籍善本分别入选由文化部确定、国务院批准的第一、二、三批国家珍贵古籍名录,北京大学图书馆被列为第一批全国古籍重点保护单位。

北京大学图书馆的古籍收藏规模宏大、种类齐全、特藏丰富、珍品众多。重要的馆藏中,以年代划分,有敦煌卷子288号,宋、元刻本300余种,明刻本近万种。敦煌卷子包括佛经、戒牒、历书、变文等,成为敦煌学的宝贵文化遗产。以出版国别划分,有日本本2000余种、朝鲜本200余种。以制作方式划分,有抄、稿、写本9000余种,活字本3000余种。以内容类型划分,有方志近5000种,家谱2200余种。还有多个小说戏曲专藏,如车王府曲本1536种,马廉不登大雅之堂藏戏曲小说928种,程砚秋

---

① 本节图书馆资料均来自图书馆官方网站,搜索时间2018年5月1日至2018年5月10日。

御霜簃藏曲本1400余种。馆藏金石拓片4万余种、8万余件,包括了缪荃孙艺风堂、张仁蠡柳风堂的全部藏拓。此外还收藏有2000余种中国古代舆图。总之,北京大学图书馆的古籍收藏可谓秘籍纷呈,琳琅满目。

北京大学图书馆牵头建设的"学苑汲古——高校古文献资源库",更是汇集了包括北京大学图书馆在内的国内24所高校图书馆藏古籍元数据60余万条、书影20余万幅,电子图书8.35万册,是目前世界上规模最大的古籍书目数据库之一。

古籍主要保存在北京大学图书馆"古籍图书馆"。2018年,北京大学图书馆和北京大学出版社合作出版《北京大学图书馆藏"大仓文库"粹编》。

2.清华大学图书馆

清华大学图书馆收藏古籍善本的历史源远流长。目前珍藏中文古籍2.8万部,23万余册,西文善本数百种,其中被《中国古籍善本书目》收录者1885种、孤本425种。图书馆中还藏有一批珍贵的古彝文文献,共计252册,其内容极为丰富,除本民族的宗教经书外,还有家谱、医书、史书、唱本、天文历算等,是研究彝族语言文字、社会历史、文化教育、军事以及民族关系的宝贵资料,有些还图文并茂,具有很高的学术研究价值。

图书馆还收藏各个历史时期的中国陶瓷、古今名家书法绘画、明清古典家具、明清及现代染织刺绣作品、民间工艺美术与少数民族工艺美术的各类作品、世界29个国家和地区的传统及民间工艺品等。

3.中国人民大学图书馆

中国人民大学图书馆有1911年以前线装古籍40余万册,1911—1949年民国时期出版物10余万册,港台书、刊3万余册。馆藏有普通线装古籍、旧平装、革命文献、民国期刊、碑帖、影印古籍等资源。1991年中国人民大学图书馆整理出版了《中国人民大学图书馆古籍善本书目》,收录了善本书目2400余种,2800余部,其中宋元刻本11部、明刻善本1100余部、清刻善本1500余部、明清稿本、抄本和名人学者题跋校本160余种。2015年,新增善本692种。

4.复旦大学图书馆

复旦大学图书馆馆藏线装古籍珍本荟萃,约40万册,系集王同愈、李国松、庞青城、高燮、丁福保、刘承干、王欣夫、赵景深等各家藏书精华而成。其中善本书7000余种,近6万册,内有宋元明刻本1000余种,抄本、稿本近2000种,清刻孤本、稀见本、精本、批校本3000余种。诗经类图书、清人文集、弹词唱本、古钱币书和方志收藏较系统。

5.华东师范大学图书馆

华东师范大学图书馆收藏线装古籍3万余种、33万册,善本约2500种,以地方志、清人诗文集、丛书和刻本汉籍为特色。其中地方志近2000种,主要为清代修省、府、县、乡镇志,江浙地区尤多;清代诗文集4000多种、丛书3000多种;刻本汉籍600种。馆藏碑帖拓片无论是在数量、种类还是版本方面都极为突出,如宋拓《多宝塔碑》、明肃府本《淳化阁帖》,以及明拓《九成宫醴泉铭》等均为海内难得之珍本。另外,华东师范大学图书馆还保存有近十万册民国书刊和外文善本,其中民国图书6000余种、民国期刊2000余种,西文善本2000余种、日文善本近400种。

6.南开大学图书馆

南开大学图书馆古籍部藏书包括古籍线装图书、早期经研所藏民国图书、1949年以前期刊等。在馆藏古籍线装书中,有善本书2.2万余册,2000余种。内有宋元刻本24部,明刻本640余部,清初精刻本900余部,明清抄本近300部,手稿本72部,写本及刻本40余部。特藏文献包括外文珍本图书,大量价值珍贵的图、画精品,还有为数不少面世不多的明清时代的石印、铜版印及手绘各类地图,总计400种,3200余册。在普通线装古籍中尤以地方志与清人诗文集的品种和数量最为丰富,馆藏地方线装志2000余种,家族谱300余种,从明代至民国纂修的家谱都有收藏,以清代和民国所修为主。图书馆藏有"晋府图书""翰林院印"两种机构藏书印。

7.兰州大学图书馆

兰州大学图书馆古籍藏量丰富,版本类型多样,线装类各版本古籍文献7000余种、13万余册(件),善本有《皇明经世文编》等400余种,含民国时期排印本《四部备要》,影印本《四部丛刊》等多部大型丛书文献;清康熙五十年(1711)刻乾隆增刻本《(康熙)宣化县志三十卷》,宣统元年(1909)刻本《(光绪)甘肃新通志一百卷首五卷》等多种方志文献;明天启四年(1624)自刻本《类经三十二卷》,清同治十三年(1874)广东翰墨园刻本《唐王焘先生外台秘要方四十卷》等多种医学文献,以及高丽刻本

《东医宝鉴二十三卷目录二卷》,日本文化十三年(1816)刻蓝印本《世说音释十卷附录一卷》等域外文献。藏考古书籍,约200余种,如刘铁云之铁云藏龟、罗振玉之殷墟书契考释、殷墟古器物图录、贞松堂藏西陲秘籍丛残,以及艺术丛编、王国维之三代秦汉金文著录表,均极为珍贵。有关甲骨文字著述也有收藏计四十余种。收藏碑帖之类亦多,如寰宇访碑录、关中金石录、山右金石录、洛阳龙门石刻拓本、西安碑林拓本、昭陵六骏拓本,以及中国名画集、金石家书画集、故宫书画集、明清山水名画集等。

8.武汉大学图书馆

武汉大学图书馆藏有古籍20余万册,有300多种收入《中国古籍善本书目》,66种入选《国家珍贵古籍名录》。同时,馆藏1600余种地方志、400余种家谱,均为特色的古籍资源。图书馆还收藏有名家批校本文献,如清代藏书家、书法家何绍基批点的《汉书》《后汉书》《汉魏六朝一百三家集》;清代戈襄批校本《墨子》;清人郭嵩焘批校本《施注苏诗》。民国时期的图书3.1万余册,报纸合订本约62种,1577册。镇馆之宝是民国孤本手稿《援韩野纪》。

9.浙江大学图书馆

浙江大学图书馆馆藏线装古籍18万余册。古籍上起宋代,下迄民国时期,其中宋刻本一部、元刻本五部、明刻本七百余部。收藏总集类善本书120种,有名家藏书题跋者14种。馆藏古籍中以名家稿本、抄本及批校题跋本最具特色,如清代孙诒让稿本20种、批校题跋本近百种。另有清代何焯、顾嗣立、何绍基、彭元瑞等,近代马一浮、马叙伦、姜亮夫等批校题跋本多种。珍本抄本如明代淡生堂抄本、清代知不足斋抄本、清代内府抄本、清代玉海楼抄本等。

10.上海师范大学图书馆

上海师范大学图书馆收藏古籍1.5万余种,约18万册(其中善本古籍1354种,2.6万余册),以明清两代精刻本为主。收录上海近代方志资料26种218册551卷,约2200万字。取断代,收近代1840年至1949年间上海方志22种。民国时期期刊900余种,民国图书6万余册,重点收藏了3000余册民国时期老教材,如《永安月刊》《北洋画报》,奉天启智书店版《骆驼祥子》,瞿秋白"谢版"《乱弹及其他》。敦煌文献最早的刊录本,

1909年国粹堂石印本王仁俊辑印《敦煌石室真迹录》、20世纪二三十年代刊印的罗振玉《敦煌零拾》《敦煌石室碎金》等一系列对后世敦煌学有着重要和深远影响的学术著作的初版，以及1912年出版的《中华初等小学国文教科书》《中华中学历史教科书：西洋之部》等教育部送审本和批语本。

11. 吉林大学图书馆

吉林大学图书馆在地方志、宗谱、金石考古、佛道教、明清别集等方面颇具特色，共有古籍藏书约3.7万种，近40万册。其中善本书6000余部，被《中国善本书总目》收入的有978种。专家学者赠书5000余种，3.3万余册。藏有精平装古籍4000余种，近2万册。2013年，国家出版社出版了《吉林大学图书馆藏稀见方志丛刊》。

12. 中央民族大学图书馆

中央民族大学图书馆馆藏古籍图书25万余册，其中线装古籍22万余册，旧平装3万余册。包括宋、元、明、清四个朝代以来的各种善本1400余种，其中众多汉文年谱、家谱、传记等珍善本古籍和20余种少数民族文字的写本、刻本、金石拓片、清人画册等。如明万历刻本《西朝平壤录》、清乾隆武英版本《平定准噶尔方略》为全国罕见。藏文佛教经藏2000余函、那塘版藏文《甘珠尔》，满文《盛京赋》，满汉合璧《金瓶梅》《西厢记》，蒙文《蒙汉汇书》《蒙汉合璧》《圣谕广训》等。还有，西南民族的缅甸文贝叶经、纳西象形文字抄本，西北民族的察合台文手抄本等，都是不可多得的珍贵文献。截至2018年初，已有13部古籍入选《国家珍贵古籍名录》。

13. 西北农林科技大学图书馆

西北农林科技大学图书馆收藏有各类中国古籍1.2万余种，3万余册，囊括先秦至清历代重要典籍。尤以古农书收藏为特色，全国现存农业古籍300余种，西北农林科技大学图书馆收藏280余种。有《玉海》元刊明国子监递修重印本、《农政全书》明平露堂刻本、《明纪事本末》清初刻本等20余种国家级善本，《吕晚村文集》《台湾外记》等木活字本。地方志收藏尤以陕西省和西北地方志最为丰富，陕西省古方志达百余种，基本覆盖全省各府县，如清雍正《陕西通志》、民国《陕西省续修通志稿》、清乾隆《续耀州志》等。

14.厦门大学图书馆

厦门大学图书馆收藏古籍 13 万余册，1 万余种。馆藏古籍经、史、子、集四部皆备，其中集部、史部和丛书类较为丰富。注重闽台方志、族谱等地方文献史料的收藏。镇馆之宝是"中华民国"史史料外编——前日本末次研究所情报资料《末次资料》。"末次资料"的全称是"前日本末次研究所情报资料"。它的主要来源是自 1913—1940 年的中文、英文、日文报纸，总计有 50 多种报纸。

15.陕西师范大学图书馆

陕西师范大学图书馆馆藏古籍线装图书 25 万余册，古籍善本 700 余部，9000 余册，其中有 14 部古籍善本入选《国家珍贵古籍名录》，历代石刻拓片 1.2 万余通，地方志亦收藏较为丰富，其中西北地方志及陕西省各县县志的收藏较为齐备，现有地方志文献 1400 余部。另外，大型古籍丛书、古今名人字画收藏丰富。《星烈日记》《梁启超手稿》，均为海内外唯一收藏的孤本。

16.西北民族大学图书馆

西北民族大学图书馆馆藏文献具有鲜明的民族特色和西北地方特色，收藏有清代以前的珍贵文献近 8 万册，包括稀有西北地方志、金石拓片和名人手稿，其中汉文古籍有 6 万余册，含善本书 93 种 1258 册（明版 37 种 610 册，清版 56 种 648 册）。馆藏藏文古籍最具特色，有 4000 余种，代表性的如藏传佛教格鲁派三师徒宗喀巴、克珠、嘉察的全集，五世达赖喇嘛全集，拉卜楞寺活佛历世嘉木样的全集等。最具版本价值和史料价值的，当推藏文手抄本《大藏经》，共 105 函，系用金粉、朱砂、墨汁三色，经明万历至清道光前后 200 余年手抄而成，弥足珍贵。

17.河北大学图书馆

河北大学图书馆馆藏古籍 2.6 万余种，20 余万册，善本 1100 余种，有 31 种古籍入选《全国珍贵古籍名录》，主要藏书特色为方志和家谱。馆藏方志 1000 余种，1 万余册。家谱 800 余种，173 姓，多为明、清、民初刊本和木活字本，其中珍本 30 余种。此外，馆藏舆图、书画、名人手札及金石、碑碣拓片也极为丰富。康熙十三年（1674）南怀仁绘制，雕版印刷，另行上色的八幅挂屏版《坤舆全图》是河北大学图书馆的镇馆之宝。《石湖志略》则有清代著名学者、大藏书家黄丕烈的题跋，为国内独家收藏，弥足珍贵。

18.云南大学图书馆

云南大学图书馆藏书以生物生态学、历史学、民族学、地方民族文献为收藏重点和收藏特色,17万余册古籍线装书中,有1000余种古籍图书定为珍善本,大部分为明中叶嘉靖、万历时期刻本及清初刻本。其中有距今800余年的宋元递刻本、硕果仅存的海内外孤本、名人学者题跋本及难得一见的稿本、抄本和彩绘本等。

19.湖南大学图书馆

湖南大学图书馆馆藏文献总量约696万册,其中纸本藏书349万册。此外,湘籍名人作品收藏中心收藏有以湘籍台胞李佑增先生为代表捐赠的竹雕、字画、图书等作品2万多件。其中"书院文化数据库""湖南民俗数据库""湖南人物库"为"中国高等教育文献保障系统(CALIS)"建设立项项目,"书院文化数据库"为重点资助项目,填补了CALIS项目书院文化专题数据库的空白,在国内具有一定的影响。

20.西北大学图书馆

西北大学图书馆馆藏的16万册线装古籍在西北地区独具特色。收藏范围有中国各朝代刻本、印本,还有日本本、朝鲜本等。内容包括敦煌佛经写本、宋元明清刻本、明清抄本、稿本等,已被确认的善本460部。比如环翠堂刻本《人镜阳秋》是一部图文并茂的善本古籍。另外收藏有种类齐全的陕西地方志和大量台湾版的地方志。

21.云南师范大学图书馆

云南师范大学图书馆所藏古籍图书收录广、内容丰富、时间跨度大,藏古籍文献6万余册、方志和年鉴等工具书2万余册。历代的类书和古代大型丛书较为完备,有关古典文学及传记的大型丛书也收藏较多,宗教类古籍也有收藏,如《大藏经》《广弘明集》《地藏菩萨本愿经》《心经添足》《僧史略》《释氏源流》《道藏纪要》《皇极经世书》等。

22.云南民族大学图书馆

云南民族大学图书馆馆藏汉文古籍总量达2.6万册,其中善本2349册。馆藏特色是拥有大量民族古籍,如古彝文、东巴文、水书、贝叶经等古籍文献。馆内还有美国亚洲基金会的捐赠图书。

23.青岛大学图书馆

青岛大学图书馆文科藏书、纺织服装类藏书和日文原版书独具特色。收藏《四库全书》《续修四库全书》《四库禁毁丛书》《传世藏书》《古今图书集成》等典籍,以及《中华大藏经》《乾隆大藏经》和《大正大藏经》等宗教类书籍,更有《域外汉籍珍本文库》《韩国文献集成》《韩国汉文燕行文献选编》《越南汉文燕行文献集成》等一大批东亚文化研究典籍,也有《新格鲁夫音乐与音乐家大辞典》《中国民族民间文艺集成志书》和《中国音乐文物大系》等艺术类研究丛书。镇馆之宝是老舍手迹。

24.西南大学图书馆

西南大学图书馆收藏古籍14万余册,其中善本古籍1.5万余册,普通古籍13万余册,以语言文字类、明版图书、清人文集、稿抄本为收藏特色,收入《全国古籍善本图书总目》100余种,特别是抗战时期大后方出版物为海内外珍本。馆藏宋版《文章正宗》、元版《楚辞集注》为国内罕见版本,清稿本《方舆考证》、民国稿本《徐乃昌日记》等皆为海内孤本。

25.安徽大学图书馆

安徽大学图书馆古籍图书约11.3万册(含《中华再造善本》全套)。馆藏古籍线装书中有善本688部9752册(部分为珍本和孤本),还收藏有《四库全书》《四库全书续编》《四库存目丛书》《丛书集成》《册府元龟》《太平御览》《中华大藏经》《新修大正大藏经》等大型古籍丛书、类书。

26.新疆大学图书馆

新疆大学图书馆收藏1911年以前的线装古籍约17万册(含明清善本1.4万册)、民国文献4万余册、新版影印古籍2万册、新疆地方文献1万余册(含民文古籍千余册)。地方古籍文献多以刻本、手抄本为主,涉及汉语、阿拉伯语、波斯语、突厥语、察合台语、塔塔尔语和乌尔都语等,如《突厥语大词典》《福乐智慧》等。

27.安徽师范大学图书馆

安徽师范大学图书馆古籍藏量可观,拥有元、明、清直至民国等各朝代的古籍图书近19万册,乾隆三十年以前善本图书8000多册。《洪武正韵》为国内唯一全本,元刻本《春秋胡氏传》、元刻明递修《通志》、明嘉靖刻本《李太白全集》《杜工部集》为海内珍本。

28.其他大学图书馆

东北大学图书馆馆藏中文文献外,还有较为丰富的英、俄、日文文献,另有少量德、法、朝鲜等语种的文献。作为全国《中华再造善本》百家收藏单位之一,收藏了文津阁《四库全书》等大型文化典籍。

重庆大学图书馆收藏古籍 27227 册,民国文献 16903 册。馆内有《藏四库全书》系列、《丛书集成初编》、《二十四史》、地方志、《儒藏》、民国翻译文学丛书、重大老照片和重大记忆等特色文献。

重庆师范大学图书馆馆藏线装书 6 万多册,古籍近 3 万册,民国线装书 3 万余册。其中有《春秋左传评林测义》《词学丛书》《重修宣和博古图》《古文渊鉴》等明清善本 112 种,明朝善本 705 册,清朝善本 1513 册。普本线装书有《四部丛刊》《四部备要》《四库全书珍本》《古逸丛书》《全明传奇》以及我国现存最大的一部类书《古今图书集成》。馆藏《春秋左传评林测义》在全国仅存两套。

中山大学图书馆馆藏古籍 35 万余册,中文善本 4000 余种,4.5 万册;朝鲜本 200 种 1000 余册,日本刊本约 100 种 1000 余册;西文古籍 1 万余册;碑帖 3.8 万余件。涵盖经、史、子、集、丛各个门类,以地方志及岭南地方文献为收藏特色。中文善本书以元刻本年代最早,明刻本最精,以广东地方文献及抄本戏曲为特色,另有不少珍贵稿本和名家批校题跋本,如广东清代著名藏书家曾钊的批校本和广东清代著名学者陈澧的手稿本,弥足珍贵。

北京师范大学图书馆馆藏线装书 3 万余种 40 万余册,善本古籍 3500 余种,年代最早的是唐中期敦煌写本《胜天王般若波罗蜜经》。宋元刻本 35 种,最早为北宋崇宁二年刻《万寿大藏》本《经律异相》零卷,距今已 900 多年。明清刻本为馆藏善本主体,明嘉靖白棉纸本、明刻套印本、明清版画、清代精刻本,珍品琳琅满目。馆藏中不乏名家稿抄本及批校题跋本,如王引之誊清稿《字典考证》、王筠手稿《说文释例》、刘喜海稿本《金石苑》等,以及有徐渤、傅山、惠士奇、惠周惕、陈鱣、臧庸、郁松年、韩应陛、缪荃孙、叶德辉等人的批校题跋本。另有清代名人书札数百通。

南京大学图书馆现有古籍线装书 38 万余册,其中善本 3000 余种,3 万余册,以地方史志、明清别集的收藏更为突出。馆藏孤本《春秋赏析》。

四川大学图书馆馆藏珍藏线装古籍30万册,收藏有大量的抗日战争时期出版的图书和民国时期的书、刊、报纸。四川大学图书馆藏有150幅地图,乾隆初年军用地图是镇馆之宝。现存四川最早的彩绘地图《四川全图》,此本为孤本,主持绘制人是清代山水名家董邦达。

山东大学图书馆馆藏古籍4.3万多种,31万余册件(包括明清稿抄本、精刻本、法帖、拓片、书画、信札、唱本及书目古籍等珍贵特藏1.1万多种,3.7万余册件),民国文献3.1万多种,6.4万余册(包括革命文献、民国图书、民国报刊、满铁文献、书目文献等)。

辽宁大学图书馆现有古籍7000余种,14万册;其中善本书131种,2500余册;孤本书7种,68册,是辽沈地区清史及满族文化研究的文献资源基地之一。同时收藏有大量的民国时期图书、期刊和报纸。内蒙古大学图书馆馆藏古籍2800多种,其中蒙古文古籍达1542种。中南民族大学图书馆馆藏少数民族文献10万余册,特别是南方少数民族的文献资料是该馆的特色馆藏。贵州民族大学图书馆收藏有水书文献资料、彝族文献资料等贵州世居少数民族的文献资料5万余册。西南民族大学"少数民族古籍文献研究中心"收藏民族古籍文献4万余册。

第二节　公共图书馆古籍资源①

我国古籍收藏较分散,大部分收藏在各级各类的图书馆中。除了北京大学图书馆、清华大学图书馆等大学图书馆外,公共图书馆如国家图书馆、中国科学院图书馆、首都图书馆、上海图书馆、天津图书馆、辽宁省图书馆、山东省图书馆、南京图书馆、浙江省图书馆、天一阁文物保管所等也收藏较多。我国台湾和香港地区也藏有不少古籍,还有一些古籍散藏在民间。此外,还有部分古籍散落在海外。如《美国国会图书馆中文善本书录》和《美国普林斯顿大学葛思德东方图书馆中文善本书志》就包含了2800余部宋元明清刻本以及稿本、抄本、写本等。

---

① 本节资料来源于各公共图书馆的官方网站,查询时间2018年6月4日至2018年6月6日。

一、国家图书馆与直辖市图书馆古籍资源

中国国家图书馆的藏书可上溯到 700 多年前的南宋皇家缉熙殿藏书,最早的典藏可以远溯到 3000 多年前的殷墟甲骨文。国家图书馆的馆藏文献中珍品特藏包括善本古籍、甲骨金石拓片、中国古旧舆图、敦煌遗书、少数民族图籍、名人手稿、革命历史文献、家谱、地方志和普通古籍等 2600 多万册(件)。藏书容量达 3119 万册,其中价值连城的古籍善本有 200 余万册。其中尤以"四大专藏"即《敦煌遗书》《赵城金藏》《永乐大典》《文津阁四库全书》最受瞩目。现有善本藏书上承南宋缉熙殿、元翰林国史院、明文渊阁、清翰林院及内阁大库等历代皇家珍藏,下至新中国成立以后的孤本。外文善本中最早的版本为 1473—1477 年印刷的欧洲"摇篮本"。目前已经形成 1600 余部宋元名刊、27 万册善本、70 万件特藏、180 万册古籍的海量珍贵馆藏,其中善本特藏约有 100 万册(件)。藏有北宋初年刻本《开宝藏》和金刻本赵城《大藏经》古代佛教古籍。镇馆之宝是文津阁《四库全书》、北魏太安四年敦煌写经《戒缘》等。

国家图书馆的古籍分为两大部分,一部分藏于善本特藏部,另一部分藏于古籍馆。善本部的藏品由"古籍善本""甲骨金石""中外舆图""少数民族文献"四大部分组成。其中的古籍善本主要收藏清乾隆以前的古籍,版本精良。古籍馆藏书的特点是文献内容丰富,分为目录、经籍、史乘、地志、传记、古器物学、社会科学、哲学、宗教、文字学、文学、艺术、自然科学、应用科学、总记等十五大类。

北京市图书馆报刊资料中心藏有 1949 年以前的中文报刊 2800 余种,1.2 万多册;1949 年以后的中文报刊 7000 余种,10 万多册;外文及港台报刊约 450 种,6000 余册。还收存善本古籍、普通古籍、民国图书以及解放区出版物。视听资料中心收藏的近 4000 种(3 万件)唱片资料,是最早以声音的方式真实的记录早期文化艺术的载体。其中有光绪末年百代公司出版的中国第一批钻针唱片,收录了谭鑫培、四大名旦等著名京剧表演艺术家的唱段;万人迷、王麻子等的相声;20 世纪三四十年代周璇、王人美、李香兰等演唱的流行歌曲及国内各地方剧种的代表作;以及同时代的外国著名乐团、指挥家的音乐作品。

上海图书馆藏有中文古籍线装书共 170 万余册。其中善本 2.5 万种,

17万册,属国家一、二级藏品2256种1.3万册。另有5400余种9万余册地方志,8000余种1万余册清代朱卷等。碑帖共约15万件,其中善本2182种3142册,列入国家等级藏品的宋拓本44种。中国家谱共1.2万余种近10万册,其涉及22个省市、329个姓氏。地图近万种1.4万余幅。其中不乏孤本与珍品,如1855年英租界土地规划图,1864年和1865年上海英美公共租界图,明末南怀仁亲定的"坤舆全图"等。收藏了清末以来的文化名人信函、日记、题词、图片、珍稀文献等5万多件,其中巴金等文化名人的手稿已数字化。

天津图书馆馆藏古籍约53万册,善本图书8000余部。其中列入《全国善本总目》的有2563部。如岳飞之孙岳珂著,南宋临安陈家书籍铺刻本《棠湖诗稿》为国内仅有。同时还有以著名藏书家周叔弢捐赠为主的活字版图书700余部,地方志资料3600余部。主要以藏书家任凤苞捐赠的"天春园"藏志为基础,后经不断搜集、扩充,逐渐形成特色。其中包括如明嘉靖年间的《辽东志》,万历年间的《徐州志》。另外还收集有中国近现代史资料和天津地方史料,如天津的《益世报》(自创刊至停刊)、《京津泰晤士报》(英文版,1890—1948),袁世凯的《养寿园奏议》、康有为的《大同书》手稿等。

重庆图书馆收藏有宋代以来的古籍线装书53万余册,其中收入《全国善本书总目》的有3707种,5.5万余册,内有孤本和稀见本424种,包括《钦定四库全书简明目录》《山谷老人刀笔》《清江贝先生文集》等珍贵古籍。现收藏有近20万册民国文献,其中馆藏抗战文献3万余种,7.6万册。重庆图书馆历史文献中心收藏了包括敦煌藏经洞的唐代写经、宋代图书《名公增修标注隋书详节》、明代手抄本《北堂书抄》、清代殿试考卷,以及贝叶经等国内顶级文物。

二、各省图书馆古籍资源

辽宁省图书馆现有馆藏文献650余万册(件),古籍文献61万册,善本书12万册,宋元版书100余部,其中相当一部分是海内外孤本。如《抱朴子内篇》二十卷,晋葛洪撰,宋绍兴二十二年(1152)临安荣六郎家刻本,这是此书现存唯一的宋刻本,在文字上可以校订正明清诸本的讹误和脱文。还藏有丰富的东北地方文献和有关满族、清代以及伪满时期的文献资料。辽宁省图书馆为海内外收藏闵版书最全最多的机构,馆藏闵版书119种,261部,大部分为藏书家陶湘旧藏,如《琵琶记》《明珠记》《邯郸梦》三部书。藏有殿版书700多种1000多部,清代内府刻书的大部分品种都有收藏,如清康熙内府铜活字印本《律吕正义》。馆内藏日本版古籍1500多部,朝鲜版古籍近300部,其中不乏稀世珍本,有的甚至是在中国已经失传的品种。

山东省图书馆馆藏文献612万(册)件,目前形成了具有鲜明特色的系统的藏书体系。其中齐鲁方志专藏、海源阁专藏、易经专藏、山东革命文献等收藏较丰富。齐鲁方志海内存约600种,而该馆馆藏528种,善本58种,《(万历)兖州府志》则为海内孤本。海源阁专藏计2280种3.2万册,约占海源阁所存藏书的三分之二,并有较多名人手迹,如林则徐、翁同书、吴式芬、钱仪吉、许瀚等人的书札。该馆收藏易经文献1317种,总计2205个版本,近万册。另外,该馆收藏的唐人写经卷、宋刻蝴蝶装《文选》、宋刻巾箱本《万卷菁华》、蒲松龄手稿《聊斋文集》、王士禛批校《昆仑山房集》稿本等均为传世珍品。

浙江省图书馆现馆藏文献673.44万册(件),以珍贵古籍丰富、地方文献齐全为特色。其中,古籍线装书82.2万册,含善本15万册,藏书逾421万册,古籍珍藏丰富,地方文献齐全。有举世闻名的文澜阁《四库全书》,唐宋元明清时期的刻本、抄本、稿本。除中文文献外,英、日、俄、德、法、西班牙等文种的文献均有一定的收藏。

湖南省图书馆馆藏古籍线装书80余万册(件),其中不少是稀世的善本、谱、牒、字画、手札等,尤以丰富的地方文献著称。有160部古籍入选《国家珍贵古籍名录》,如《韵补》《济生拔萃》《玉海》等,明刻本中流传较少的有《清权堂集》(明万历刻本,沈际升等批校),《谣语》(明万历刻本),《唐书》(明嘉靖刻本,叶树莲批校)等。藏有湖南家谱近4000种,5万余册,以湖南名人家谱入藏完备。如《南昌丰城李氏族谱》(明永乐三年刻本)、《丰城李氏族谱》(明嘉靖刻本)、《重刻蒙潭康氏族谱》(明崇祯刻本)、《长沙青山彭氏会宗谱》(明正德刻本)。亦有名人抄稿本,如清杭世骏抄本《杜工部集》十八卷、清张穆家抄本《秋涧先生大全文集》一百卷、明天启马宏道抄本《杨铁崖先生文集》十卷等。

四川省图书馆馆藏古籍及线装文献约65万册,其中善本古籍有6万余册。在这些古籍中,不乏极具价值的稀世孤本、珍本,其中达6000余卷之多的《洪武南藏》,就是流传至今仅存的孤本。除了《洪武南藏》外,另一部看家宝,当属明嘉靖刻本《华阳国志》。四川省图书馆最具特色的部分有:隋唐时代的手写经卷、宋元明清著名文人重要诗词集、历代四川珍贵地方志书、中国古代医学典籍、近代文化名人手稿、民国暨抗战时期文献等。

广东省立中山图书馆馆藏古籍3万多种,47万余册,其中善本3000多种,3万余册,共有172部善本古籍入选《国家珍贵古籍名录》。馆藏广东地方文献10多万种,40多万册,包括广东地方志、族谱、广东史料、粤人著述、孙中山文献、报纸、期刊、舆图等。南宋《金刚经》孤本是广东省立中山图书馆的珍贵古籍,也是镇馆之宝。目前已累积地方文献9万多种,30多万册,较突出的有广东新旧地方志2600种,新旧族谱900余种。其中明嘉靖黄佐《广东通志》七十卷是国内罕见的版本,民国《续广东通志》是未经刊行的稿本。

甘肃省图书馆的藏书以古旧籍和西北地方文献为特色馆藏。古旧籍藏书38万册,包括享誉海内外的文溯阁《四库全书》、宋元刻本、大型明版木刻丛书《永乐南藏》,以及敦煌写经、名人手札、珍贵字画等。西北地方文献收藏已逾12万余册,其中《甘肃通志稿》和《重修敦煌县志》均系未刊稿本,使甘肃省图书馆逐步成为研究西北史地、民族宗教以及敦煌学、丝路学的文献中心。

江西省图书馆馆藏中文线装书50万余册,尤其以珍贵的古籍珍善本和丰富的地方文献著称。古籍中,南宋吉州周必大刻《欧阳文忠公集》装帧考究、刻印精良,堪为宋代江西刻书的代表作,而且还是现在所有有关欧阳修文集的祖本;明崇祯间宋应星自刻《宋应星(谈天·论气·野议·思怜诗)四种》系海内外孤本,极具科学价值;明嘉靖刻《江西通志》为现存江西通志最早最完善的版本之一,极具史料价值;明代经折装瓷青纸金粉写本《太上洞玄灵宝无量度人上品妙经》则是集装帧、书法、绘画艺术为一体的绝妙珍品。

河南省图书馆古籍50万余册。其中有元明清历代流传下来的古籍珍本,如明刊《李卓吾先生批评西游记》、明嘉靖刊《广舆图》、清康熙刊《遵化志略》和《嵩阳书院志》等珍贵古籍。此外还收藏有570余种2000

余册民国时期编印的、装帧形式为平装的河南地方文献。

陕西省图书馆藏有古籍32万余册。有宋元刻本《碛砂藏》5594卷（全经6263卷），有明版《襄阳郡志》《禹贡详略》《同官县志》《适情录》等全国孤本；元代建阳刻本《增刊校正王状元集注分类东坡先生诗》、明版《海刚峰集》《楚辞集注》《对山文集》等国内罕见的珍本；地方志有1500多部，其中陕西省地方志约300种，700多部。

湖北省图书馆馆藏总量达400多万册（件），其中古籍善本45万余册。《史通训故补》由民间收藏家捐赠，为海内孤本，其批注为清代大学士纪昀手迹。

安徽省图书馆馆藏古籍线装书4万余部，35万余册。其中善本3209部3.2万余册，126部珍贵古籍入选《国家珍贵古籍名录》。馆藏文献中最早的刻本为元代的《至大重修宣和博古图录》等数种，其中明代刻本数量颇多。较为珍贵的有元刻本《增广注释音辨唐柳先生集》、明万历七年刻本《四书人物考》等。

云南省图书馆馆藏59.56万册古籍文献、8万册地方民族文献，已有130部古籍入选《国家珍贵古籍名录》。馆藏地方民族文献最具特色，如明嘉靖年间丽江著名文人木公的自刻本《雪山庚子稿》和《雪山始音》、宋朝佛经刻本《碛砂藏》、元朝佛经刻本《普宁藏》、清乾隆年间昆明钱南园的手稿《钱氏族谱》、清嘉庆年间的刻本《黑盐井志》、清光绪年间的石印本《云南地志》和刻本《滇南本草》、1903年创刊的云南最早出版的报纸《滇南抄报》等，都是极为珍贵且富于云南地方特色的人类文化遗产。

三、其他公共图书馆古籍资源

大连图书馆馆藏古籍约55万册。目前已有129部古籍入选《国家珍贵古籍名录》。馆藏明清小说、满铁资料、清内务府档案、碑刻拓片、舆图和方志等古籍文献享誉海内外，多达29种文字的西文古书籍是研究中外古代历史和文化的宝贵文献。

南京图书馆馆藏古籍160万册，包括善本14万册，民国文献70万册。馆藏中不乏唐代写本，辽代写经，宋、元、明、清历代写印珍本，已有524种入选《国家珍贵古籍名录》。藏有宋刻《蟠室老人集》、清初顾炎武手稿《天下郡国利病书》等珍贵古籍。

沈阳市图书馆馆藏文献500余万册(件)。古籍中汇刻丛书比较丰富,东北地方史料较为完整。镇馆之宝为清末民初吴廷燮写本《明实录》,是国内尚存唯一的一部较完整的写本明代史料长编,还有《古今图书集成》《百川学海》《经训堂丛书》《雅雨堂丛书》等大型丛书、类书百余部及清光绪末年修纂的辽、吉、黑三省各县乡土志等。

厦门市图书馆以闽南地方文献为收藏特色,藏有5000多种、5万多册古籍文献,包括刻本、手抄本、稿本、拓本等多种版式,其中51部善本入选了《中国古籍善本书目》)。

安庆市图书馆馆藏线装古籍8.5万余册。其中有4321册善本收入《中国古籍善本书目》和《安徽省善本书目》,9部入选《国家珍贵古籍名录》。明、清两代古籍藏品丰富,桐城派名家手稿、地方志、家谱、地契等珍贵地方文献资料和历代名人字画都有收藏,如明休宁胡正言刻版彩印《十竹斋画谱》、明景泰年间的《资治通鉴》、桐城张英和张廷玉家族《张氏宗谱》、吴汝纶《高甸吴氏宗谱》、陈独秀家族《义门陈氏宗谱》、清末老照片《慈禧太后出殡图》,左宗棠、李鸿章、姚鼐、邓石如、徐悲鸿等名家的书画。

柳州市图书馆藏有元明清时期古籍5万多册,其中善本古籍3000多册,年代最早的为元刻本。目前已有《新镌汤霍林先生秘笥四书金绳》等36部古籍被《中国古籍善本书目》收录,《资治通鉴纲目》等7部古籍入选《国家珍贵古籍名录》。馆内还藏有《四库全书》《四库全书存目丛书》《续修四库全书》等大型古典文献丛书,还有少数民族文献、家谱、名人藏书、地方文献古籍等特色文献。

嘉兴市图书馆现有古籍10万余册,善本1.2万余册,有14部5486册古籍入选《国家珍贵古籍名录》,有新版《四库全书》《续修四库全书》《古今图书集成》等大型丛书近百种。藏有《避寇日记》稿本、朱生豪译《莎士比亚全集》手稿等特色文献。

第三节　国外图书馆古籍资源

一、国外公共图书馆古籍资源

美国国会图书馆(Library of Congress)馆藏总量约1.64亿册,是世界上最大的国家图书馆。该馆收藏书籍约3000万种,涵盖约470种语言,收藏的手稿超过7206万份,是美国乃至世界最大的稀有书籍珍藏地点。除此之外,还保存了很多法律文献和电影。美国国会图书馆亚洲馆中文藏书约95万册,有很多为善本书和珍贵古籍(表6-1),如编撰于大明永乐年间的中国古典集大成者《永乐大典》,发现于西湖雷峰塔塔砖内的佛经经卷《一切如来》,清代绘本《耕织图诗》,一套1882年日本军官伊集院兼雄盗绘的中国盛京地区14座城镇的地图等。美国国会图书馆所藏明刻本《江汉堤防图考》,是海内外孤本。

表6-1　美国国会图书馆馆藏中国善本

年代版本	经	史	子	集	年代版本	经	史	子	集
宋刻本		1	4	2	明慎独斋刻本		1		
宋刻元印本		2			明吴勉学校刻本		1		
宋刻明印本		1			明平阳府刻本			3	
元广勒书堂刻本				1	明福春堂刻本			1	1
元刻本	2	1	5		明文林阁刻本			3	2
元刻明印本	2	1		1	明新州叶氏钞本			1	
影宋钞本	1		1	1	明田径校刻本			1	
明修补宋刻本					明汲古阁刻本	1	4	7	9
明宣德年间刻本				1	明浩然斋刻本			2	
明正统年间刻本	3	1	2	1	明天华阁刻本	1			1
明天顺年间刻本	1	3	2	2	明刻本	4	14	48	35
明成化年间刻本	2	3	3	2	明嘉靖野竹斋刻本				1

续表

年代版本	经	史	子	集	年代版本	经	史	子	集
明弘治年间刻本	1	5	5	2	明醉绿居刻本			2	
明正德年间刻本		8	3	7	明一天阁刻本			1	
明嘉靖年间刻本	12	68	42	64	明繙相台岳氏刻本	1			
明隆庆年间刻本	1	6	15	12	明纯诚堂刻本			1	
明万历年间刻本	32	167	170	174	明经畲堂刻本			1	
明泰昌年间刻本			1	1	明葛鼎刻本			2	
明天启年间刻本	6	35	23	28	明敬忍居刻本			1	
明崇祯年间刻本	10	30	39	43	明张登云刻本			1	
明坊刻本	2		2	4	明养德书院刊本				1
明朱墨印本	11	3	13	28	明翻孔天胤刻本				1
明凌氏朱墨印本	1	1		1	明袁裹刻本				1
明闵氏朱墨印本			1	3	明张燮校刻本				1
明闵氏三色套印				2	明印元明补配本				1
明刻清印朱墨本				1	明写本		1		
明吴琯校刻本		1	1		明吴兴严氏写本		1		
明司礼监刻本		6	4	1	明刻清修本				1
明内府刻本	10	5	3		明活字本			2	
明南雍刻本	1				明会通馆活字本		1		
明存诚堂刻本			1		明翻刻世德堂本			5	
明刻清印本		24	8	10	明新都黄氏校刻本			2	
明蜀藩刻本	1				明王道焜刊本	1		4	
明十足斋刻本	1	1			明李元阳刊本	1			
明赵藩刻本	2				明闽刻注疏零本	2	1		
明翻元刻本		2		1	明嘉兴藏零本			1	
明翻宋刻本			1	1	明刻零本		1		1
明郑藩刻本	1				清崇德年间刻本		2		
明翁得所刻本				1	清顺治年间刻本		8	4	3
明张溥校刻本		3			清康熙年间刻本	4	1	5	11

年代版本	经	史	子	集	年代版本	经	史	子	集
明南监刻本		1			清乾隆年间刻本	1	2	3	2
年代版本	经	史	子	集	年代版本	经	史	子	集
清嘉庆年间刻本				1	《秘笈》零本			3	
清道光年间刻本	1				《古今逸史》零本		2	1	
清刻本		3	4	7	《宝颜堂秘笈》零本		4		
清内府钞本		3			《汉魏丛书》零本			1	
清果亲王府钞本	1	1	1	1	《稗海》零本		2		
绿君亭刻本	1	1			日本旧钞本	1	1	2	3
石研斋钞本			1		日本翻刻本	4	1	5	2
袁氏适园钞本		1			日本活字本			1	
红格钞本		1			日本刻本			2	1
曹炎钞藏本		1			日本写本			1	
六朝写本			2		高丽活字本		1	1	3
遗香堂刻本			1		朝鲜刻本		1	1	1
敦煌出唐写本			6		朝鲜活字本				1
晚清轩陈氏钞本		1			钞本	7	35	12	13
步月楼翻刻本			1		《四库全书》底本				1
《两京遗编》零本			1		清拓印本		1		
《津逮秘书》零本	1		4		稿本		3		
《格致丛书》零本			6	1					
总计					1634种				

参考文献:潘德利(2003)。

　　日本国立国会图书馆(National Diet Library)收藏了日本自19世纪后叶以来的近代政治发展史的文献资料和日本近代政治家、外交家、军事家及其官吏和实业家等日本近代政治人物所收藏的日记、书信、备忘录草稿和办公文件等宪政资料,约23万件。日本国立国会图书馆也是日本国内收藏中文资料屈指可数的图书馆之一,除收藏日本古籍2.5万册外,还收藏许多中国历代特别是清朝的文献、族谱及地方志等古籍图书。比如收藏有满铁文书、中国东北的是宪政资料等。馆藏《禹域游记》是井上陈政在华禹域踏查旅行游记稿本，是日本晚清来华旅行踏查重要汉文体游记之一。馆藏《宁夏志》是海内外孤本。

英国国家图书馆（the British Library）亦译作不列颠图书馆、大英图书馆，前身是1753年成立的大英博院图书馆，拥有超过1.5亿件馆藏，包括期刊、报纸、剧本、专利、图画等，既有最近出版的，也有古老至公元前2000年的古籍手抄本。该馆以收藏英国文学、古版书、珍本书为特色。大英图书馆收藏有大量中国的珍稀文献，如《湘云友朋信札》、《八排走兵火母女失散》、木鱼书《双钉记》、词话本《大说唐全传》等。

法国国家图书馆（Bibliothèque nationale de France）是法国最大的图书馆，也是世界大型图书馆之一。馆藏中文藏书主要是欧洲传教士、外交官和汉学家带回法国的，其所藏中文藏书约2万余种，以明清善本为主。其中黄丕烈旧藏南宋本《南华真经》、明万历刻本《郭氏易解》、稿本《姓氏寻源》、稿本《姓氏辨误》、《皇清职贡图》等为海内外孤本。珍稀档案文献有明抄本《四夷馆来文》、清抄本《清道光二十六年广东地区告示》、清抄本《平定缅甸奏稿》等。

俄罗斯国立图书馆（The Russian State Library）是欧洲最大的图书馆藏有世界367种语言文字的文献4500多万册。语种涵盖了俄文、俄罗斯各民族语言以及各外语（除东方语言）。馆藏中中文藏书也很丰富，如中国明代出版的《围棋博弈》，1893年用汉、藏、满文出版的佛教经典《大藏经》，蒙文的《甘珠尔》和藏语的《丹珠尔》等。

德意志联邦共和国国家图书馆（the Deutsche National bibliothek）成立于1946年，收藏1933—1945年德国及德语国家流亡者的著作、书信、手稿以及德语图书的外文译本以及音乐资料等。该馆藏有部分未藏于我国及世界其他各馆的满文珍稀文献，如《肉蒲团》《翻译憎苍蝇赋》《翻译窗课》《噶那之梵赞》《夏书》等。

澳大利亚国家图书馆（National Library of Australian）是澳大利亚最大的图书馆。该馆一大特色是亚洲文献收藏丰富，有关中国、日本的近代资料很多。中文藏书中有一批特藏书籍，是19世纪伦敦传道会来华传教士出版及收藏的中文书籍，如太平天国原始文献。

二、国外大学图书馆古籍资源

哈佛大学图书馆（Harvard Library）是世界上最大的大学图书馆,馆藏总量达1900多万册,拥有1500多万册图书。哈佛燕京图书馆是中国本土以外收藏和研究东亚书刊资料的最大的大学图书馆,所藏满汉文文献无论是收藏数量,还是收藏种类,都比较可观。有云南纳西族东巴文手稿,藏文经典文献和蒙文文献,清代档案资料等,如满文版《春秋》《易经》等儒家经典译文,《三国》《聊斋》《水浒》《金瓶梅》等历史、文学译著等。

普林斯顿大学图书馆（Princeton University Library）是全世界最著名的研究型图书馆之一,拥有690万以上图书、600万缩微片、3.5万英尺高的手稿,藏书覆盖世界上52种语言之多。收藏中文图书的数量,在美国占第四位。收藏有汉文佛典、汉文古籍、汉文管文书、回鹘、西夏、栗特文残卷、绢纸绘画残片等。其中《碛砂藏》一种,含宋刻本约700册、元刻本630余册,所藏宋元刻本册数为北美之最。此外所藏中医古籍为亚洲以外最多,其中不乏善本孤本。

斯坦福大学图书馆（Stanford University Library）共包括20个图书馆,藏书和资料丰富,馆藏实体文献达到950万册,另收藏150多万件声像资料和缩微胶片600多万件。东亚图书馆典藏书籍和文献资料的主要文种为中、日、韩文,占了全部馆藏的80%。

耶鲁大学图书馆（Yale University Library）世界顶尖的大学图书馆,拥有藏书1500万册。耶鲁大学图书馆的藏品范围,从古代的纸莎草、早期的印刷本一直到数字文件、电子数据库都有涉及。馆藏有日本侵华战争珍稀档案,《圣谕广训》的方言直解手抄件等。

剑桥大学图书馆（Cambridge University Library）为英国的版本图书馆,也是综合性的图书馆。馆藏丰富,有现代二手文献、参考文献、音乐文献、地图、善本与剑桥类专藏、画像和照片、手稿和档案、稀有书籍等特色藏书,非常强调人文特色文献。剑桥大学图书馆中文部藏书包括商代甲骨、宋元明及清代各类版刻书籍、各种抄本、绘画、拓本以及其他文物,其中颇多珍品。如藏稿本《郑堂读书记》、清初抄本《明实明实录录》、清抄本满文《养正图解》、明刊孤本《异域图志》以及罕见的太平天国出版物等。还藏有大名鼎鼎的《永乐大典》原稿两册。

第七章　重要古籍资源库

第一节　中国基本古籍库

一、概述

中国基本古籍库是综合性大型古籍资源库，先后被列为北京大学重点项目、全国高等院校古籍整理研究工作委员会重点项目和国家重点电子出版物"十五"规划项目。中国基本古籍库数字化建设从 1998 年 10 月开始筹备，2001 年 3 月正式启动，2005 年 10 月全部完成，共计 500 张光盘，总计约 20 亿字，图像约 2000 万页。

该库收录自先秦至民国（前 11 世纪至 20 世纪初）历代典籍及各学科基本文献 1 万种，计 16 万余卷。选用版本 12500 个，计 20 万余卷。每种典籍均制成数码全文，并附所录版本及重要版本原版影像。全文合计 17 亿字、影像一千万页，数据总量约 320G。其收录范围涵盖全部中国历史与文化，其内容总量相当于 3 部《四库全书》。不但是世界目前最大的中文数字出版物，也是中国有史以来最大的历代典籍总汇。根据中国古籍多版本、多样式、多字体的复杂情况，独创一种完全支持 Unicode 国际编码的 ABT 数据格式，对 1 万种历代典籍的全文进行标准化处理，使尺寸、版式、字体统一，突出中国古籍固有的层次和韵味。其选书标准为：千古流传、脍炙人口的名著；或者各学科最基本文献；或者拾遗补阙考证著作。其选本标准为：完本、母本、现存最早的版本、晚出的精校本。

二、访问方式

任何一台接入校园网的计算机都可通过图书馆主页(图7-1)下载安装中国基本古籍库程序,从客户端阅读打印数据库资源。

以安徽师范大学中国基本古籍库为例,进入古籍数据库的方法:点击"开始"—"程序"—"中国基本古籍库"—"客户端应用程序"—点击"进入",登陆成功后就可以使用了。

图7-1　中国基本古籍库主页①

三、检索方式

1. 分类检索

分类检索可以按中国基本古籍库的库、类、目的树形结构进行定向检索(图7-2)。在左侧双击"中国基本古籍库",可见4个字库;双击4个字库,可见20个大类;双击20个大类,可见100个细目;单击各个细目,此时中间栏显示该细目所收典籍,包括书名、卷数、时代、作者、版本。

---

① 为了使读者对数据库有一定的直观感受,本章选用了一些数据库应用界面的屏幕截图,以供示意。这些图片仅供读者认识界面样式,文字内容如有不清,请参考数据库具体内容。以下同类情况不再出注。

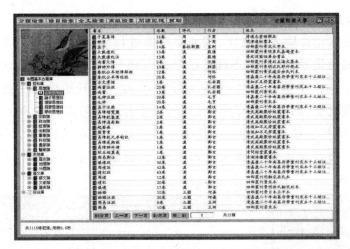

图7-2　中国基本古籍库分类检索页面

2.条目检索

数据库可以限定书名、时代、作者、版本、篇目等条件进行目标检索（图7-3）。要查找某一种书，可在左栏书名框中输入书名，然后点击"开始检索"，此时中间栏显示所查询的书名、卷数、时代、作者、版本；双击书名即可进入该书名页，单击书名页可进入该书正文。要查找某一作者的全部著作、某一时代的书、某一版本的书、查找某一篇章或标题检索方法同查找某一种书。

图7-3　中国基本古籍库条目检索页面

3.全文检索

数据库允许输入任意字、词或字符串进行检索(图7-4)。全文检索支持模糊查询功能,对于不确定的字词可用"?"代替来进行检索。在左栏搜索字词框中输入任意字、词或字符串,点击"开始检索",此时在中间栏出现改字、词或字符串所在的书名、卷名及其包含该字、词或字符串的例句,例句包括该字、词或字符串及其前10个字和其后10个字。双击所选中的书名及其页码,即可进入正文,看到标有色块的该字、词或字符串(图7-5)。

图7-4　中国基本古籍库全文检索页面

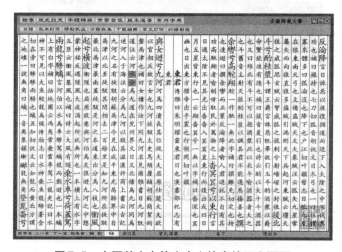

图7-5　中国基本古籍库全文检索的正文页面

4.二次检索

二次检索是在一次检索结果的范围内,通过追加一定的字、词或子串进行更加精确的检索(图7-6)。例如:在"检索词"框中输入"土地",检索结果有833页;然后在"次检索"框中输入"水",检索结果是34页(图7-7)。这样就剔除了第一次检索到的其他无关的记录。

图7-6　中国基本古籍库二次检索页面

图7-7　中国基本古籍库二次检索结果页面

第二节　中华经典古籍库

一、概述

中华经典古籍库是中华书局首次推出的大型古籍数据库产品,收录了中华书局出版的整理本古籍图书,涵盖经史子集各部,包含《二十四史》《通鉴》《新编诸子集成》《十三经清人注疏》《史料笔记丛刊》《古典文学基本丛书》《佛教典籍选刊》等经典系列,保留专名、校注等整理成果。所收书目全部为经过整理的点校本,每本书都汇集了民国以来无数专家的研究成果。目前该产品已经推出镜像版、网络版、微信版三个版本。

中华经典古籍库自2014年6月问世以来,截至2018年8月,已完成五期数据加工,总计1902种图书,约10亿字,未来还将不断递增。除中华书局出版的古籍外,从第四期开始与天津古籍出版社、凤凰出版社、齐鲁书社、巴蜀书社、辽海出版社、华东师范大学出版社等六家专业古籍出版社进行了版权合作,引入多个出版社的优秀整理本古籍。其中包括凤凰出版社的《册府元龟》《全元文》,巴蜀书社的《郭店楚简老子集释》《苏轼文集编年笺注》,华东师范大学出版社的《中州集》《竹窗随笔》,天津古籍出版社的《辑校万历起居注》《三十国春秋辑本》,齐鲁书社的《宋代序跋全编》《诗经异文汇考辨证》和辽海出版社的《唐翰林学士传论》《八旗文经》等共403种优秀整理本古籍。

二、访问方式

2015年8月,作为国内首个自有版权的权威整理古籍库,中华经典古籍库推出了网络版①(图7-8)。2016年4月23日世界读书日,中华经典古籍库(微信版)上线。中华经典古籍库微信公众号是目前唯一一款

---

① 中华经典古籍数据库网址:http://www.lib.tsinghua.edu.cn/database/zhjd.html

面向移动端开发的古籍数据库，收录869种整理本古籍，涵盖经史子集各部总共约5亿字，并陆续扩充中。

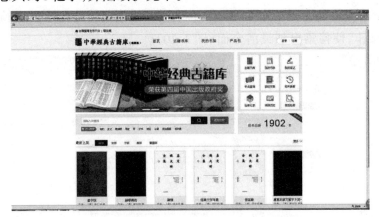

图7-8　中华经典古籍库（网络版主界面）

三、检索方式

1.高级检索

高级检索可选择文章名、文章内容、书名、作者、出版社、丛编、图书简介、正文、注文、专名词、书名词11种关键词检索，支持"或"（|）、"并"（+）、"非"（−）逻辑检索（图7-9）。

图7-9　中华经典古籍库高级检索页面

2.异称关联检索

数据库在繁简、异体字关联检索的基础上,整理并增加了人名、地名异称的关联,如字号、别号、谥号、官名等同步检索,简化了多次检索的烦琐操作,使检索更加灵活全面(图7-10)。

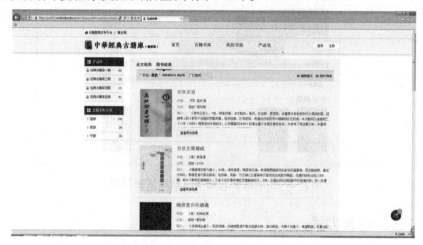

图7-10　中华经典古籍库异称关联检索页面

3.专名查询检索

专名词库中将人名、事件、地名、纪年、职官等专名分门别类单独标引,构建这些知识点的资料库(图7-11)。

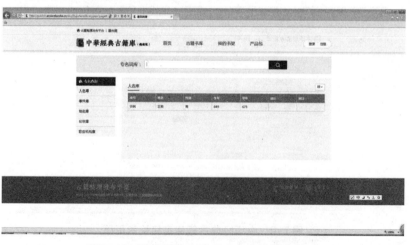

图7-11　中华经典古籍库专名查询检索页面

4.纪年换算检索

纪年库配置了整合多家纪年表的纪年换算功能,用户可以通过直接输入年份、干支查询,也可以通过关键词,如时期、帝王、年号等进行筛选查询。每条结果包括公元、干支、时期、政权、帝号、帝名、年号、年份及备注,备注详细到某某帝某月即位。通过纪年换算,用户可以直观地看到某年并存的几个政权(图7-12)。

图7-12　中华经典古籍库纪年换算检索页面

5.联机字典检索

联机字典选用的是《中华大字典》,支持繁简、异体字关联检索。有一些简体字对应多个繁体字,就可以用联机字典方便地检索到不同繁体字的释义和用法。比如:和、向和翿等(图7-13)。

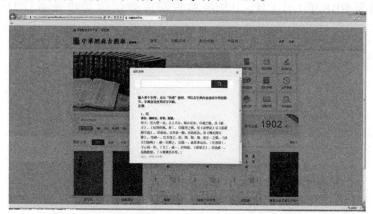

图7-13　中华经典古籍库联机字典检索页面

6. 其他检索

提供了插入书签和保留浏览历史、检索历史的功能。用户可以在书页的任意一个位置点击右键添加书签,并且可以输入相关笺注,方便日后的浏览与使用。所有书签和检索历史、浏览历史都保存在左侧目录栏,用户可随时回溯。

不仅包含原书全部文本内容,并且提供原版图像与文字的全面对照,页码一一对应,用户在浏览文本的过程中可通过点击图标到对应图像,从而随时进行查检和引用。

数据库收录书目皆是带标点的点校本图书,检索时默认精确匹配标点,用户在检索不带标点的文本时,或者不确定标点加在何处时,可以在检索时勾选"忽略标点",系统会忽略检索词中的标点和数据文本中的标点,只进行文字匹配。

四、中华经典古籍库（微信版）

中华经典古籍库的微信公众号旨在帮助读者方便快捷使用专业数据库中的资源,有助于解决读者在查阅古籍图书过程中的问题。微信版可以提供检索全文、在线阅读、联机字典等工具,方便用户通过手机和平板电脑随时随地阅读和利用古籍。这体现中华书局开发数字化产品重视读者的阅读和使用体验,公众服务号建设有利于提高读者对于产品的使用率和接触率,延伸这个专业数据库的使用价值(图7-14)。

截至2018年1月1日,中华经典古籍库微信版共收录书目1185种,总计7亿字,目前仍在持续更新中。在古籍数字化过程中,对原书中出现的错误做出了修正,质量和精度与镜像版、在线版保持一致。

图7-14　中华经典古籍库微信版

第三节　常用古籍工具书

在阅读和利用古籍文献的过程中,会遇到很多问题,经常需要借助一些古籍书目检索古籍文献,用以鉴别古籍的真伪。因此,正确运用古籍检索书目,不仅能提供查找古籍文献的线索,还能帮助人们增加知识、拓宽阅读视野。古籍工具书是把同类的知识信息按一定的方式编排起来供人查考的书籍,按功能特点分为:字典、词典、类书、证书、百科全书、年鉴、手册、书目、索引、文摘、政书、表谱、图录、名录、资料汇编等。按语种又可分为中文工具书和外文工具书。本节分别从古籍辞典、古籍大型丛书、古籍善本书目、古籍断代书目、古籍专科书目来分述。

一、古籍辞典

《简明中国古籍辞典》是由东北师范大学古籍整理研究所辞书编辑

室全体同志参加集体审稿编纂而成，是新中国成立以来的一部比较大型的书目解题著作，吉林文史出版社1987年出版。这部辞书简要介绍了现存中国古代主要典籍，全书136多万字，收词4900多条，装帧古模，典雅大方。该书所收词目，上起先秦，下至辛亥革命（1911）。凡流传至今有籍可征的古代主要典籍，均在选收之列。内容包括文学、史学、哲学、政治典制、法律、军事、经济、地理、民族、文化艺术（音乐、舞蹈、书法、绘画、雕刻等）、教育、体育娱乐、医学、农学、科技、语言文字、书目和书录解题等。对每一古籍词目，首先揭示别名、又称、简称、全称，取其通常习用的书名为主词目，进而以"概括语"格式，揭示古籍所属学科范畴。继而标出作者、时代、卷册。写作者生平是为说明所著录起，成书年代和书籍内容。检索系统是按首字笔画顺序排列，后附索引两种：一是按首字音序编排的著者索引，二是书目分类索引。

《中国目录学家辞典》，申畅、陈方平、霍桐山、王宏川编，河南人民出版社1988年出版。本书收录了先秦至当代2000多年来的目录学家，涉及文、史、哲及算学、医学、农学、冶金等学科，凡在目录学上有贡献的人物均在收录之例，共有2200多个词条，涉及撰述的著作4000余种。所收人物，大体上均列其生年、卒年、异名、籍贯、任职、生平、著述等。其中的著述力求说明其学术成就，分析其著作特点。在编排上，以生年先后为序；无生年而有卒年者，按卒年顺序排列；生年、卒年均不考着，以姓氏笔画为序，排入适当的位置。人物的异名，按字、号、别名、笔名等依次排列在正名辞目之后，自成一条。书后附有按笔画编排的人名索引和书名索引。

《中国古籍版刻辞典》是著名版本目录学家瞿冕良先生编著，苏州大学出版社2009年出版。全书189万字，收入版刻名词，刻字工人，历代刻书家和抄书家等词目2.1万余条，大体时间断限上溯唐代下及清代乾隆前后。主要内容包含四个方面：一是版刻名词。包括各种版本的名称（地区、时代、出版机构等）、印刷用纸、款式、装帧，以及版式的版面、板框、鱼尾、黑白口等常见的专业术语。二是刻字工人。本书在刻工著录方面收录了万余条关于刻工的辞目，详细记录了他们所雕刻的图书。三是刻书家、抄书家。刻书家是旧时代的出版发行人，包括官刻、私刻和坊刻。时间侧重于宋、元及明代，也包括清代的前期及中后期的抄书家。

词目大部分以室名著录,人名另作参见条备查。无室名或室名不著录者,以姓名著录。四是参考书。收录了部分版本方面的专著、书目、题跋(附部分类书、丛书),并简介其内容和使用价值。古代著名的藏书家,本辞典没有收录。另外,本辞典资料来源既有原本或影印本,也有各种参考工具书,书后附列了从清乾隆三十八年(1773)武英殿聚珍本到2005年部分版本方面的专著、书目共计248种,是研究我国古籍版刻的珍贵线索。

《中国古籍书名考释辞典》,张林川、郭康松、杨松等编著,河南人民出版社1993年出版。本书是一部系统的考释、训解书籍名称的学术专著,也是一部好的目录学著作。收录上起春秋、下至清古籍书名1500余条,编撰者110余人,对所收录的书名都有考释和训解。全书的编排方式分经、史、子、集四部,各部又分细目。书名解释一般分为四部分:撰者生平、书籍内容、优劣得失、书名释义。通过此顺序先后行文。书后另附有著者音序索引和篇名笔画索引。

《简明古籍整理辞典》,诸伟奇、贺友龄、敖堃和赵锋编著,黑龙江人民出版社1990年出版。该辞典收录古籍版本学、校勘学、目录学、训诂学、文学、史学、人名、地名、哲学等词目共4966条,约50万字。词目按首字笔画数编排,首字相同的,字数少的在前,多的在后。字数相同的,按第二字笔画和起笔笔形排列。根据词目之间的内在联系,对一些词目作了主条、附条和参见条相关处理。在使用公元纪年时,一般省略"公元"两字,括注内的公元纪年,一般省略"年"字。释文的古地名,一般都夹注今名。书末编有词目音序索引、古籍点校通例、历代避讳举例等附录,供读者参考和检索。

《古籍书名辞典》,王杏根、冯芝祥等主编,学林出版社1993年出版,收词3739条。所收词目,上起先秦、下迄近代。内容包括经、文、史、宗教以及理、工、农、医等各类古籍。释文以解释书名含义为主,依次为:书名,异名,类别,著(编)者姓名。本书的原则上一书列一词目。同一著作由著者身后不同时期的人编撰成书,虽内容与体例有差别,但仍作一书对待。同书异名者,取常见书名作为主词目,将异名写入释文。其重要异名,另列参见词目。全书书名以朝代先后排列,各段内书名排列,按首字笔画多少为序排列。首字笔画笔形相同者,按书名字数多少为序。字数相同者,按第二字的笔画与笔形顺序排列。书后附汉语拼音索引,以备检索。

《中国人名大辞典》,商务印书馆1921年出版,1958年曾重印。共收人名四万多个,起自太古,止于清末。每个人名下面注明朝代、籍贯、生平事迹。书后附有姓氏考略、异名表、四角号码人名索引。

二、古籍大型丛书

《中国丛书综录》是中华人民共和国成立后国家编修的首批大型古籍工具书之一。由上海图书馆编,顾廷龙主编,中华书局1961年出版,上海古籍出版社1982年新版。该书收集了北京、上海、南京、杭州、广州、武汉等41个中国主要图书馆所收藏的历代丛书2797种,古籍38891种,共计750万字。全书分三册。第一册《总目分类目录》,分汇编、类编两大部分,附有丛书书名索引、全国主要图书馆收藏情况表,第二册《子目分类目录》,按经、史、子、集四部编排;第三册《子目书名索引》和《子目著者索引》,依四角号码检字为序。《中国丛书综录》比较完备地反映了历代出版的古籍丛书和概况,是中国历史上收辑范围最广的一部古籍目录书。

《四库全书总目》全称《钦定四库全书总目》,又称为《四库全书总目提要》,是中国古典书目书中现存篇轶最大的一部。《四库全书总目》共两百卷,卷首有圣谕、表文、职名、凡例。正文部分按照经、史、子、集四部分类,四部之下又分小类,小类之下再分子目,计四部四十四类六十六子目。每一部类前有总叙,小类前有小序,字母的后面则多有按语。每一小类的后面,还附有本类"存目"。"存目"中的书籍,被认为价值不高,不符合收书标准而不予收入《四库全书》。

《中国地方志联合目录》由中国科学院北京天文台编,是目前收录现存方志最多、最全而又检索非常方便的工具书,中华书局1985年出版,共著录全国30个省、直辖市、自治区190个单位所收藏的地方志8200余种。收录范围包括通志、府、州、厅、县志、乡土志、里镇志、卫志、所志、关志、岛屿志,以及一些具有志书体例和内容的方志初稿、采访册、调查记等,但山、水、寺庙、名胜等志则除外。《中国地方志联合目录》依全国各省、直辖市、自治区分别著录,各省内以府、州、县、乡为序,乡土志、里镇志随所属县后,同一地区的方志则按编纂年代先后排列。著录项目有书名、卷数、纂修者、版本、藏书单位和备注。凡存佚情况、卷数分合、记事起讫,地名古今变迁、书名异称,内容详略,流落异域孤本的国别与收藏单位等都在备注内说明。书末附书名索引。

《四库全书》是中国古代最大的一部官修书,也是卷帙最多的一部综合性丛书。纂修于清高宗弘历年间,其时清朝统治达于全盛,文化相应繁荣,"汉学"兴盛,大批学者遵循汉儒训诂的方法研究古籍。考略稽索,需要查阅群书以探本求源,以往分项摘编的类书已经不能适应这一要求,在此学术背景下,为了加强文化统治,因势利导,于乾隆三十七年(1772)在乾隆皇帝的主持下,由纪昀任总纂官率360多位高官、学者编撰,3800多人抄写,费时十三年编成。乾隆四十六年(1781)编成第一部《四库全书》,全书收载籍3400余种,7.9万余卷,3.6万册,约8亿字,包括学术文化的各种门类,凡政治、经济、军事、哲学、历史、文学、艺术,以及天文、历法、水利、建筑、农业、医药、生物等几乎应有尽有,编纂上具有一定的科学性、完整性和系统性,分类安装传统的经、史、子、集四部分,部下有类,类下有属,共四部四十四类六十六属。《四库全书》基本上囊括了中国古代所有图书,故称"全书"。

《中国丛书广录》,阳海清编撰,陈彰璜参编,湖北人民出版社1999年出版。历时三十年完成,收录范围为《中国丛书综录》未收录丛书。近四十年来影印和重新整理的古籍丛书亦予收录。已佚古籍亦酌情收录,用*号表示。《中国丛书广录》共收录各类丛书3279种,子目去除重复后有40227种,其数量已超过《中国丛书综录》。书分装成两巨册,其编例与《中国丛书综录》基本相同,丛书后多加按注,包括书名、著者、版本等需要说明的文字,版本特点、丛书的地位、成就以及衍变情况等。

三、古籍善本书目

《中国古籍善本书目》,由版本目录学家顾廷龙、冀淑英、潘天祯等主编,1985—1998年由上海古籍出版社陆续出版。历时八年完成,全目分经、史、子、集、丛五部,分部出版。本书的收录范围是善本古籍,即"具有历史文物价值、学术价值、艺术价值而流传较少的古籍"。书后附藏书单位检索表。该书体例严谨,著录准确,是研究目录版本之学必不可少的工具书之一。

《上海图书馆善本书目》，上海图书馆编，上海图书馆1957年出版发行。收录善本书2400余种，依《四库全书》分类排比，分经、史、子、集及农书五卷，所收明刻1300余种，宋元旧椠200余种，还收录有清刻、精刻及抄本。其中明人集部收罗较多，明人登科录、地方志及医书次之。全书线装，用八开玉扣排印。

《美国哈佛大学哈佛燕京图书馆藏中文善本书志》，沈津主编，上海辞书出版社1999年出版。全书共150余万字，收录所藏宋、元、明三代刻本书1433部，其中宋元刻本33部，明刻本1400部。全书按经、史、子、集、丛五大类排列，每篇列有序号，并具有多种检索途径。正文前为全书分类目录，书后附书名四角号码和笔画索引，又分别列有著者、刻工、写工、印工、绘工及刻书铺等四角号码索引。每书为一志，每篇书志除对原书基本特征做详细的描述外，更注重揭示一书内容，指出要旨与价值，介绍著者简历，注重对版本及版刻源流的考证以及存藏情况的介绍。书中还注重揭示同一书的不同版本之间的关系，以便于比较研究。

《日藏汉籍善本书录》，严绍璗著，中华书局2007年出版。全书共著录日藏汉籍1万余条目，著录各书的书名、著者及编校者、版本、藏所；并加按语，说明该书的版框大小、行格及字数、版心形式及文字、刻工姓名、序跋及牌记、细目及分卷、藏章印记等；凡中、日藏书目录的著录情况及书内题识文字、图书流入日本的记载及售价、该书在日本的影响及刊刻情况等，则入附录，列在其后。书名索引分音序与笔画两种编纂形式，书后有附录。该书是世界上第一部全面著录现今保存在日本的中国历代古籍的大型工具书，对中、日文化研究各个领域都具有极高的价值。

《美国国会图书馆藏中国善本书录》，王重民著，美国国会图书馆在1957年影印出版。对美国国会图书馆截至1947年所藏中文善本古籍做了学术水准极高的总结，历来受到学界的高度极高，在古籍版本目录学界有较大的影响。该书以传统的四部分类法，分经、史、子、集著录了国会图书馆中文善本书1777种，著录项包括善本书的版式行款、撰著者、收藏、序跋题记，以及对于版本的考证等，内容十分丰富，极具学术价值。

《香港所藏古籍书目》，贾晋华著，上海古籍出版社2003年出版。收录中文古籍7386种及各书子目18718种。其收录范围为1911年(含1911年)以前写、抄、刻、印的各类中文古籍,其中包括译著及在日本、朝鲜等地出版的中文著作。依照传统的古籍分类法,分为经、史、子、集、丛五部。书录著录款目依次为:序号、书名项、著者项、出版项及收藏项。每一记录前首列序号,以供检索之用。书名项含有书名、卷数、册数及副书名等。著者项含有朝代简称,著者姓名及撰者方式。僧人著者于姓名前冠释字,外国著者姓名前著录其国别简称。版本项包括出版年、出版地、出版者和版本类型等。凡一书有不同的版本皆另立条目。相同版本之书为不同图书馆收藏,则在同一记录下依次著录各馆简释及书号。相同丛书有不同版本者,以较早或较完整者著录其子目书名和著者名。书目后附书名索引和著者索引,均以汉语拼音排序。

其他一些古籍善本书目,列举如下:

《法兰西学院汉学研究所藏汉籍善本书目提要》,田涛编,中华书局2002年出版。

《普林斯顿大学葛思德东方图书馆中文善本书志》,屈万里著,联经出版事业公司1984年出版。

《北京图书馆古籍善本书目》,北京图书馆编,书目文献出版社1989年出版。

《北京大学图书馆藏古籍善本书目》,北京大学图书馆编,北京大学出版社1999年出版。

《北京师范大学图书馆古籍善本书目1902—2002》,北京师范大学图书馆古籍部编,北京图书馆出版社2002年出版。

《自庄严堪善本书目》,冀淑英编,天津古籍出版社1985年版。

《自庄严堪善本书影》,周一良主编,国家图书馆出版社,2010年版。

四、断代书目

断代书目主要是汇录一个朝代的有关书目,列举如下:

《现存宋人别集版本目录》,四川大学古籍整理研究所编,巴蜀书社1990年出版。

《现存宋人著述总录》,刘琳、沈治宏编著,巴蜀书社1995年出版。收录宋人著述4855种,其中经部416种、史部889种、子部2180种、集部

1370 种、丛部 92 种。各书著录有现存主要版本、书后有书名和著者索引。

《清人别集总目》，李灵年、杨忠主编，安徽教育出版社 2000 年出版。此书著录近两万名清代作家所撰四万部诗文集，内容丰富。

《清人诗集叙录》，袁行云著，文化艺术出版社 1994 年出版。此书著录清代诗人 2511 家诗集，叙录仿《四库全书总目提要》之例，每则先叙作者生平，次叙诗集内容，然后评论其优劣得失。书末附有作者索引。

《日本藏宋人文集善本钩沉》，严绍璗著，杭州大学出版社 1996 年出版。此书主要介绍日本所藏宋人诗文集、词集、笔记等著作的书名、作者、卷数、版本、行款版式、序跋题记、刻工印玺及流传状况等。

《日本现藏稀见元明文集考证与提要》，黄仁生著，岳麓书社 2004 年出版。此书介绍在中国已佚而珍藏于日本的孤本元明文集 340 余种，每则提要叙介文集名称、卷数、著者、版本概貌、文集基本内容等，并考证著者的生平事迹及版本源流等。书末附有著者和书名索引。

五、专题与专科书目

专题书目又称专题文献书目、参考书目、学科书目等，是为了围绕某一学科或课题系统全面地收集文献而编制的书目。专题目录具有以下特征：第一，专题书目满足的必是特定专业或专题研究的需要，所以收录内容具有极强的针对性；第二，专题书目针对某一特定专业或专题进行相关书目信息的全面收集，较完整地反映该学科或专题的概貌，具有全面性与完整性；第三，专题书目是为了满足特定需要而编制的，实用性强。简要列举如下：

《全上古三代秦汉三国六朝文篇名目录及作者索引》，中华书局编，中华书局 1965 年出版。

《全唐文篇名目录及作者索引》，马绪传编，中华书局 1985 年出版。

《全唐文篇目分类索引》，冯秉文主编，中华书局 2001 年出版。

《明经世文编》，陈子龙辑，中华书局 1962 年出版。

《先秦汉魏晋南北朝诗作者篇目索引》，常振国、绛雪编，中华书局 1988 年出版。

《〈诗渊〉索引》，刘卓英主编，书目文献出版社 1993 年出版。

《〈永乐大典〉索引》,栾贵明编著,作家出版社1997年出版。

《〈太平广记〉索引》,中华书局编,中华书局1982年出版。

《〈文苑英华〉索引》,李昉编,华文书局1966年出版。

《〈初学记〉索引》,许逸民编,中华书局1980年出版。

专科书目,指某一种类图书数量庞大、需要单独列出的书目,如方志、家谱目录等。中国方志和家谱种类繁多,现存方志和家谱的书目有:

《中国家谱综合目录》,国家档案局二处、南开大学历史系编,中华书局1997年出版。此书共收全国各图书馆、博物馆、文管会、纪念馆、文化馆、档案馆等收藏的家谱14719种,按家谱的姓氏笔画为序排列,同一姓氏的家谱,则按家族居住地排列。因该目录收录的主要是公藏家谱,大量的私藏家谱还无法收入。

《上海图书馆馆藏家谱提要》,上海图书馆编、王鹤鸣等主编,上海古籍出版社2000年出版。上海图书馆藏有1949年以前编印的家谱1.1万余种,近10万册,此书就是该馆所藏家谱的提要。

第八章　典型古籍数据库

第一节　古籍联机公共目录

一、中华古籍善本国际联合书目系统

中华古籍善本国际联合书目系统[①]（图8-1）著录了三十余家海内外图书馆所藏古籍善本，数据达2万多条，并配有1.4万余幅书影。中华古籍善本国际联合书目系统是由中文善本书国际联合目录项目发展而来的新数据库。中文善本书国际联合目录项目由美国研究图书馆组织（Research Libraries Groupor, RLG）建立。项目初始阶段，邀请了北京大学图书馆和中国科学院图书馆共同进行为期六个月的项目试验。1991年，首批正式参加该项目的图书馆包括普林斯顿大学图书馆、哥伦比亚大学图书馆、中国科学院图书馆、北京大学图书馆。普林斯顿大学东亚系为项目提供了办公场所，并在后来接管了项目的行政管理。

最终，约有30余家图书馆参加了中文善本书国际联合目录项目。中国的图书馆除了以上提及的中国科学院图书馆、北京大学图书馆，还增加了天津图书馆、辽宁省图书馆、湖北省图书馆、复旦大学图书馆及中国人民大学图书馆。在北美，除了美国国会图书馆以外，所有主要的有中文古籍善本收藏的图书馆都参加了这一项目。中文善本书国际联合

---

① 中华古籍善本国际联合书目系统网址：http://mylib.nlc.gov.cn/web/guest/zhonghuagujishan-benlianheshumuxitong

目录数据库著录了北美图书馆的几乎全部藏书以及中国图书馆的部分藏书,数据达到2万多条。

图8-1　中华古籍善本国际联合书目系统①

二、CALIS联合目录公共检索系统

CALIS(China Academic Library & Information System,CALIS)②是经国务院批准的我国高等教育"211工程""九五""十五"总体规划中三个公共服务体系之一。CALIS管理中心设在北京大学,下设了文理、工程、农学、医学四个全国文献信息服务中心,华东北、华东南、华中、华南、西北、西南、东北七个地区文献信息服务中心和一个东北地区国防文献信息服务中心。

CALIS联合目录公共检索系统(图8-2)采用WEB方式提供查询和浏览服务,利用该统一平台可以检索不同高校图书馆的馆藏书目信息,为全国高校的教学科研提供书刊文献资源网络公共查询,支持高校图书馆系统的联机合作编目。按文献类型划分为图书、连续出版物、古籍,可以查检到各大高校的馆藏数据。

---

① 为了使读者对数据库有一定的直观感受,本章选用了一些数据库应用界面的屏幕截图,以供示意。这些图片仅供读者认识界面样式,文字内容如有不清,请参考数据库具体内容。以下同类情况不再出注。

② CALIS联合目录公共检索系统网址：http://opac.calis.edu.cn/opac/simpleSearch.do

图8-2 CALIS联合目录公共检索系统

三、北京大学数字图书馆古文献资源库

　　"北京大学数字图书馆古文献资源库"①（图8-3）由北京大学图书馆负责建设，由CALIS提供技术支持，2000年9月开始筹备，2004年底初步完成。收入了北京大学图书馆馆藏善本古籍、普通古籍、舆图、金石拓片等多种古文献资源，包括书目记录和部分文献图像。建设目标是创建一个以北京大学图书馆馆藏古文献为基础，并可以涵盖北京大学各院系单位古文献收藏的大型古文献数字资源库，向读者提供一个具有检索、浏览、索引、时空检索的新型检索和阅览系统。

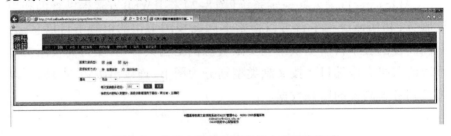

图8-3 北京大学数字图书馆古文献资源库

---

① 北京大学数字图书馆古文献资源库网址：http://rbdl.calis.edu.cn/aopac/pages/Search.htm

四、上海图书馆古籍书目查询系统

上海图书馆古籍书目查询系统①采用 Web 界面,在浏览器中检索界面自上而下分为三个功能区,即:导航区、检索区、结果显示区(图8-4)。其中,导航区用于切换检索方式和显示帮助信息,检索区用于输入检索提问式,结果显示区用于显示检索结果。本数据库书目收录上海图书馆收藏的中文古籍,包括刻本、活字本、抄本、稿本、校本,民国年间出版的石印本、影印本,珂罗版印本及普通古籍阅览室开架陈列的影印本,共计12.9万余条。其中普通古籍8万余条,丛编子目2.8万余条,善本古籍1.3万余条(其中开架陈列的影印古籍10678条)。著录项为文献题名、责任者与责任方式、写刻出版地、写刻出版者、写刻出版年、版本类型、丛书名、批校题跋、存佚、补配、附件责任者、馆藏号。著录字体用标准繁体字。分类采用四库分类法。支持基本检索和高级检索两种检索方式,用户可通过导航区中的超链接进行选择。

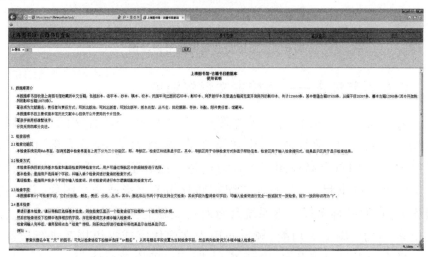

图8-4　上海图书馆古籍书目查询

---

① 上海图书馆古籍书目查询系统网址:http://search.library.sh.cn/guji/

五、南京图书馆古籍书目查询系统

南京图书馆古籍①收藏量仅次于国家图书馆与上海图书馆,古籍总量约160多万册,目前已整理约100万余册,含善本10余万册,包括宋元刻本近200部,明刻本近7000部(图8-5)。

图8-5　南京图书馆古籍书目查询

六、学苑汲古——高校古文献资源库

学苑汲古——高校古文献资源库②是中国高等教育文献保障系统(CALIS)的特色库项目之一,由北京大学、南京大学、复旦大学、山东大学等24家全国重点高校图书馆合力创建。内容不仅包括各参建馆所藏古文献资源的书目记录,而且还配有部分相关书影或全文图像,总体规模庞大,资源品种多样。本系统具有对古文献的简单检索、高级检索、二次检索、索引、浏览等功能,规定使用中文繁体字或汉语拼音进行检索,汉语拼音检索仅限于题名、责任者、主题词三种检索途径(图8-6)。

---

① 南京图书馆古籍书目查询系统网址：http://opac.jslib.org.cn/
② 学苑汲古——高校古文献资源库网址：http://rbsc.calis.edu.cn:8086/aopac/jsp/indexXyjg.jsp

图8-6　学苑汲古——高校古文献资源库

七、台湾"国家图书馆"古籍与特藏文献资源检索

台湾"国家图书馆"古籍与特藏文献资源检索①整合台湾"国家图书馆"信息系统,既有"古籍影像检索系统""中文古籍书目数据库""金石拓片数据库""台湾地区家谱联合目录",以及光盘版"标点善本题跋集录"等系统的文字影像内容,读者可通过此网站实现以上数据库的综合检索(图8-7)。台湾"国家图书馆"为掌握散佚海外重要中文善本古籍文献,逐年调查海外各国中文善本古籍文献存藏及数位典藏现况,以互惠合作方式,建置"中文古籍联合目录"资料库,至2016年底止,已有超过76所机构参与计划,总计收有逾73万笔目录。

在诸多珍藏特藏资料中,以宋、元、明、清善本为主,总计写本、刻本1.2万余部,近13万册。近8000部之刻本中,宋版175部、金版5部、元版230部、明版6000多部,嘉兴大藏经1部,其余为活字版,清代以及朝鲜、日本、安南流传较稀之刻本。如以册计算,善本古籍加上普通线装书古籍,约有善本旧籍中文260760册、西文4296册,合计265056册。至2016年底统计,其中宋元本珍籍约400余部。除此之外,本馆所藏6000多部明版书,以及明清稿本和批校本古籍,更为海内外学界所推崇,认为是研究中华古文化重要资产。

①台湾"国家图书馆"古籍与特藏文献资源检索网址:http://rbook2.ncl.edu.tw

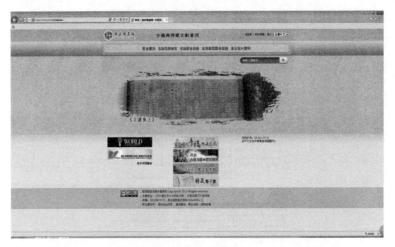

图8-7　台湾"国家图书馆"古籍与特藏文献资源检索

八、日本所藏中文古籍数据库

日本所藏中文古籍数据库①由京都大学人文科学研究所附属的"汉字情报研究中心"（2008年4月后改称"东亚人文情报学研究中心"）在2001年发动，参加者有东京大学东洋文化研究所附属的东洋学情报研究中心。至2008年5月，加入数据库的主要是全日本的大学图书馆，国立图书馆和地方政府的公立图书馆次之，财团法人的私立图书馆较少，计55个，录入的数据总数达70多万条，现仍在进行之中。

"日本所藏中文古籍数据库"（图8-8）的古籍目录的分类，以《京都大学人文科学研究所汉籍目录》为基础，参酌《内阁文库汉籍分类目录》。汉字编码用的是国际通用的UTF-8编码。据主编者的意图是"不仅限于日本国使用，而是以提供给世界各国使用为目标"。为了让日本、中国大陆、中国台湾、韩国等任何一种编码系统都能检索，将各地区的汉字对照表加进检索软件中。

该数据库基本上是个目录数据库，没有收录文本内容。但为了辨别不同版本，尽可能附上卷头的影印件，目前已影印一万多件。

---

① 日本所藏中文古籍数据库网址：http://www.kanji.zinbun.kyoto-u.ac.jp/kanseki？detail

图8-8　日本所藏中文古籍数据库

第二节　《瀚堂典藏》古籍数据库

一、概述

《瀚堂典藏》古籍数据库由北京时代瀚堂科技有限公司推出,采Unicode四字节编码技术和自然语言全文检索的通用浏览器模式的典籍数据库。传统的计算机二字节编码技术只能处理2万多个汉字,对大量的生僻字、俗体字、异体字、通假字、避讳字和多语种文字无法识别和辨析,不能从根本上解决中国历代典籍数字化、网络化的问题。Unicode四字节编码技术从根本上彻底突破了古籍整理和研究中生冷僻汉字数字化的瓶颈,完善了汉字信息网络化的平台,开创性地实现了所有汉字及多语种文献的单一数字化平台管理,结束了历史文献和出土文献研究手工抄写、图片替代、生硬造字的历史,标志着计算机汉字处理开始进入到了四字节字符的领域。

《瀚堂典藏》古籍数据库以精准校对的小学工具(文字、音韵、训诂)、古代类书、出土文献类资料为基础,大量纳入包括经史子集、中医药典籍、古典戏曲、敦煌文献、儒、释、道等历代传世文献,以及大型丛书、史书、方志、民国报刊等,涵盖文史哲等专业的教学和研究工作中所应用到的专业古籍文献资料。数据库由14个子库构成:小学工具、类书集成、出土文献、中医药、经部、史部、子部、集部、古典戏曲、古本小说、佛教、道教、敦煌学、专题文献。至2015年底,《瀚堂典藏》精细加工入库的古籍种类已达1.5万余种,700万帧古籍书影,文字总量25亿字,记录条目数2000万条。

二、检索方式

使用前需下载字库和输入法。安装好字库后,进入数据库检索(图8-9)。检索限定词包括全文、出处、标题、书目。有三种检索模式:绝对精准模式,不做任何转换处理,完全按照输入词条进行检索;精准模式,启动简繁体和常用异体字自动转换;模糊模式,启动人工智能分词检索功能和简繁体、异体字自动转换。在检索过程中,可以在左侧"书目树"中选择库、类、书目录,以缩小检索范围,并且可以二次检索、跨库检索,也可以选择某本书进行内容检索(图8-10、图8-11)。如果注册个人用户,可以保存10次的检索式,方便读者使用。

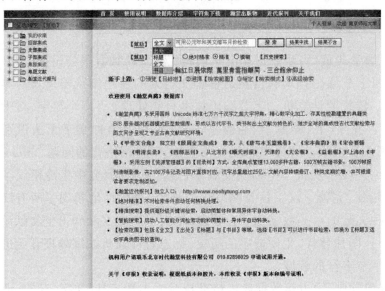

图8-9 《瀚堂典藏》检索页面

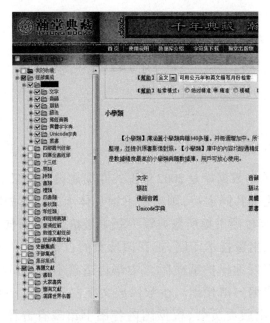

图8-10 《瀚堂典藏》特色资源：小学工具类示例

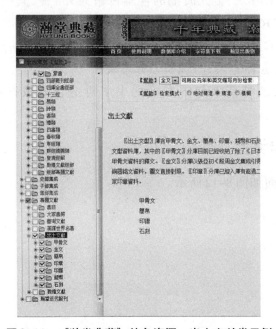

图8-11 《瀚堂典藏》特色资源：出土文献类示例

第三节　中华再造善本数据库

一、概述

中华再造善本数据库是2002年正式立项建设的国家重点文化工程，由财政部、文化部共同主持，国家图书馆具体承办。数据库囊括了国内公共图书馆和高校图书馆所藏典籍中版本最精、品相最佳的稀见孤本和善本，利用现代出版技术印刷，把我国珍贵的古籍善本有计划的复制结集出版，同时更好地保护纸质版。《中华再造善本》分五篇，为《唐宋编》《金元编》《明代编》《清代编》《少数民族文字古籍编》。一期由中华再造善本工程编纂出版委员会，根据国内各图书馆现有古籍善本的实际情况，筛选出唐宋时期、金元时期的善本古籍共758种，其中唐宋时期442种、金元时期316种。续编共选目580种，分为明代编、清代编、少数民族文字古籍编，截至2014年6月底，已出版完成466种。两期工程共影印出版珍稀古籍达1300余种，规模十分可观。

下面以安徽师范大学图书馆的中华再造善本数据库为例，简要介绍。

二、检索方式

1.检索页面如图8-12所示。

图 8-12　《中华再造善本数据库》主页界面

2.高级检索方式

高级检索界面列出 3 个"检索词"输入框，每个输入框右侧设有"检索项"（字段）下拉列表框，可以按"图书名、作者、版本、摘要"来限定检索项，框与框之间有"并且，或者"两种逻辑检索选择。界面下方列有检索结果排序方式、检索朝代和分类范围选择区（图 8-13）。

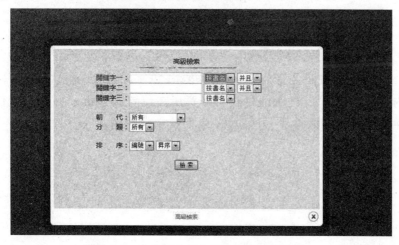

图 8-13　中华再造善本数据库高级检索页面

3.通用检索方式

在主页面下方的输入框中，输入要检索的图书名称，点击"检索图书"入口,即可对所检索的图书进行检索(图8-14)。

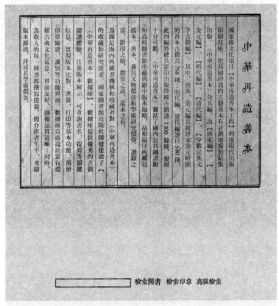

图8-14　中华再造善本数据库通用检索页面

4.印章检索方式

首页下方的搜索栏内输入检索词后,点击印章检索按钮即可检索印章。中间列出的是含有关键字的印章,浅色字为所在书籍,深色字为名章内容(图8-15)。点击即可查看印章所在位置的书影。可准确定位印章在古籍原本中的位置,并通过印章揭示文献的内在联系。

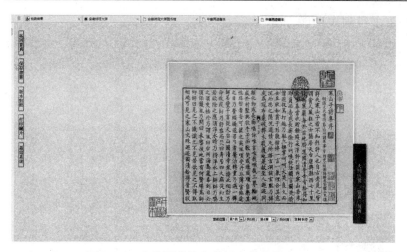

图8-15　中华再造善本数据库印章检索页面

三、特色功能

1.导航功能

主页面的右侧木纹条是导航栏,根据唐宋编、金元编、明代编、清代编、少数民族文字古籍编分别浏览,也可以按照年代和经史子集分类浏览(图8-16)。

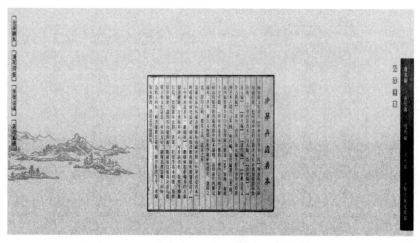

图8-16　中华再造善本数据库导航功能介绍页面

2.书目列表功能

点击导航金元编的按钮,查找到本分类的图书列表,如下图8-17所示。

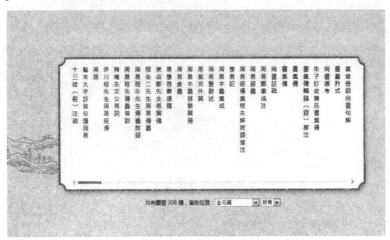

图8-17 中华再造善本数据库书目列表功能介绍页面

点击即可浏览选中的图书;可以看到介绍图书的详细页面,下方的选项框可以更换分类。数据库中所收每一种古籍均配有版本专家撰写的摘要,全面介绍古籍的详细信息(图8-18、图8-19)。

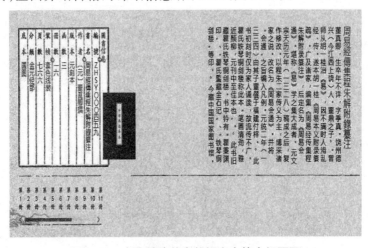

图8-18 中华再造善本数据库古籍介绍页面

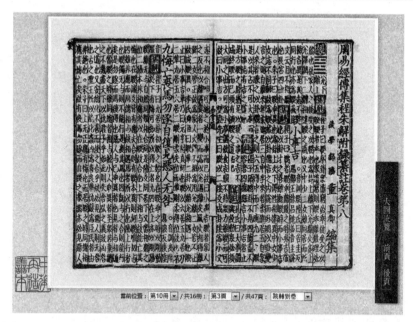

图8-19　中华再造善本数据库古籍页面详细介绍

3.版本对照功能

同种书多种版本的比对功能,展现古籍的版本源流(图8-20)。

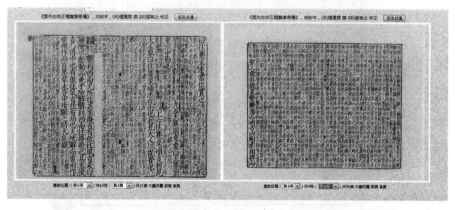

图8-20　中华再造善本数据库版本对照功能介绍页面

4.大图浏览功能

点击图书浏览页面右下方的"大图浏览"按钮,进入大图浏览界面(图8-21)。大图浏览界面可提供更为清晰图片成像,通过鼠标拖动图片进行浏览。图片全尺寸显示、局部放大显示,实现良好的阅读体验。

图8-21　中华再造善本数据库大图浏览功能介绍页面

5.打印图片功能

支持打印功能,点击"打印图片"按钮即可打印当前页(图8-22)。

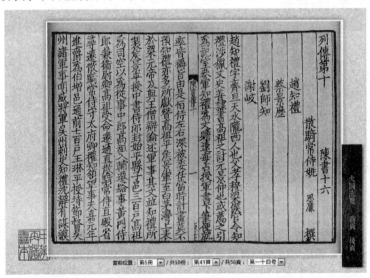

图8-22　中华再造善本数据库打印图片功能介绍页面

6.保存书签功能

点击保存书签后,在弹出的窗口内输入常用的邮箱地址,在下次浏览时,点击读取书签按钮后,输入邮箱地址即可返回上次浏览的界面,方便用户使用(图8-23)。

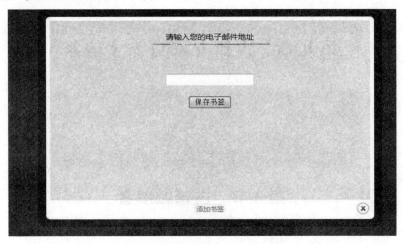

图8-23　中华再造善本数据库保存书签功能介绍页面

第九章　古籍专家与人才培养

第一节　古籍编撰者

一、第一个古籍图书编撰者

孔子(前551—前479),名丘,字仲尼,东周时鲁国陬邑(今山东曲阜)人。孔子的先祖本是宋国的贵族,曾祖父因避难,由宋国逃到鲁国定居。到了孔子本人已沦为一般平民。孔子生活的时代,是春秋后期。李大钊说:"孔子于其生存时代之社会,确足为其社会中枢,确足为其时代之圣哲,代表其社会其时代之道德。"孔子一生中花费了很长的时间和极大的精力对古代文化遗产进行搜集整理,在中华民族的思想史上建造了一座继往开来的里程碑。孔子搜集整理古代文化典籍的时候,是按照他自己的政治观和社会观来进行的。主要体现在"删诗书、定礼乐、修春秋、序易传"上。所谓"删""定""修""序",实际上是按照既定的标准来选择和取舍的。

《诗经》,原来是人们口头唱的歌,后来用文字把它记录下来。孔子把诗教当成修养道德、陶冶性情、齐家治国的重要手段。孔子在前人的基础上,对《诗经》的乐章进行整理。经孔子整理的《诗经》分为《风》《雅》《颂》三个部分。《诗经》作为我国第一部诗歌总集,得以保存下来,是与孔子的整理与提倡诗学有关。

《礼》本源于原始社会人们在日常生活中的一些风俗习惯,至殷商时代,才逐步被强调完善,使之成为祭祀仪式的规矩。孔子对礼下过很大功夫。首先他对礼进行搜访。其次,孔子对夏、殷、周三代的礼做过一番比较研究。《礼》是经孔子整理才著录的。现在能看到三部礼书,即《周礼》《仪礼》和《礼记》。《周礼》是讲周朝官制的,书分天官、地官、春官、夏官、秋官、冬官六大部分、设大小官 377 人,并详列其职掌细目。《仪礼》是讲各种典礼节仪的,如冠、婚、相见、丧、祭等具体仪式。《礼记》是孔子学生以及后人传习《礼经》的记录,内容有关礼的性质、意义和作用。

孔子对《乐》的整理,大致做了两个方面的工作。第一,核对了当时各国的大量音乐资料,把亲手校订过的 305 篇诗,按民间歌曲《风》、宫廷歌曲《雅》、祭祀歌曲《颂》编类,改正了乐谱中声律错乱的地方。《易》是论述事物变化道理的书。"三易"即关于卜筮的书,有《连山》《归藏》和《周易》三种。到孔子时,夏朝的《连山》和商朝的《归藏》均已亡佚,只剩下周朝的卜筮书《周易》。孔子非常重视《周易》,对之进行了深入的研究,对《周易》进行重新编订。后世所称《易》包括《易经》和《易传》两部分。《易传》的传文是对卦辞和爻辞进行说明、解释和发挥。相传《易传》是孔子所作。孔子赞《易》所作的《十翼》为:《上象》《下象》《上象》《下象》《上系》《下系》《文言》《说卦》《序卦》《杂卦》。《易传》的《系辞》认为天地间一切事物都是变化的,含有朴素的辩证法思想。在《易传》中,孔子尽力强调了人事的客观规律性。

《春秋》以编年体的形式记载了起自鲁隐公元年(前 722),到鲁哀公十四年(前 481),共 242 年的历史。《春秋》是孔子的最后一部著作。在《春秋》中,孔子对原来《鲁春秋》的文字内容进行加工编辑,《春秋》不仅是鲁国的国内及与他国的大事记、君臣言行,还贯穿着孔子的政治、社会观点。《春秋》中还记载了不少有关天文方面的重要资料,包括日食星陨、地震山崩、水旱灾害、蝗害螟患等。

二、汉唐著名古籍编撰者

司马迁(前 145—前 90),字子长,西汉左冯翊夏阳(今陕西韩城)人。司马迁从小就受到家庭熏陶和严格的教育,十岁就能诵古文。后因得罪汉武帝受宫刑,下蚕室,遭受人生中的奇耻大辱,在肉体和精神上受到极大的摧残,坚定他写完《史记》的决心。

《史记》130篇是司马迁毕生搜集、整理古代文化典籍的宝贵结晶。记事上起黄帝,下至汉武帝。《史记》是一部以人物为中心的纪传体史书,分为以人物为中心的十二本纪、三十世家、七十列传,以年月为中心的十表,以事物为中心的八书,包括奉纪、世家、列传、书、表等。其中"本纪"12篇,它是以年月为序编写的帝王简史,记载帝王言行、政治活动,兼记当代的政治、经济、军事、外交等重大事件。"世家"30篇,记载世袭的王侯封国历史,有的相当于诸侯的"本纪"。"列传"是将相大臣、王公贵族等人物传记,统治阶级的中下层和各类代表人物,列传兼记国内少数民族以及其他有关国家和地区的历史情况。按照列传的内容,可分为四个类型:专传,即一人一传;合传,即一篇传记兼载数人事迹;类传,即把同类人物兼载一传之中;少数民族和有关国家之传。《史记》共有列传70篇。"书"相当于后来的"志",共8篇。它是记载各种典章制度的专篇,包括政治、经济、军事、文化等。"表"10篇,它以表格的形式把人物、事件按照一定的顺序加以记录。它不仅是"本纪""列传"的简化,而且在史料方面,亦间有补充。按照"表"的内容,可把它分为两类:一类以人物为主,记其世系;一类以国家、地域、部族为主,以时代为序记载重要事件。除了本纪、世家、列传、书、表之外,《史记》每篇之末(或前,或中间)有"太史公曰",这是司马迁对史实的评论,而且往往征引旧闻,列举轶事,对正文有所补充,有时还说明编例。

刘向(前77—前6),原名更生,字子政,江苏沛县人,汉皇族楚元王刘交四世孙。西汉经学家、目录学家和文学家。著有《洪范五行传》《列女传》《列仙传》《新序》《说苑》《七略》等,其中《七略》是我国古代第一部图书分类目录。《七略》编撰历时23年完成。其中《别录》一共20卷,它是我国第一部书目提要,对后世有深远影响。

刘歆(前50—23),字子骏,后改名秀,字颖叔,刘向之子。成帝时为黄门郎,哀帝即位,大司马王莽举为侍中太中大夫,迁都骑尉、奉车光禄大夫。刘歆不仅继续校订刘向未能校完的群书,而且还在《别录》的基础上,删繁就简,加工创造,完成了两汉之前,国家藏书分类目录提要的编订工作,并写成《七略》一书。《七略》包括《辑略》《六艺略》《诸子略》《诗赋略》《兵书略》《术数略》《方技略》等七个大类。《七略》问世后,我国有了系统的图书分类法,它的分类是根据学术源流、书籍的性质分别归类。

刘知几（661—721），字子玄，彭城（今江苏徐州）人，唐代著名史学家。刘知几自幼酷爱史籍，42岁之后，先后预修国史20余年，与著名学者徐坚、元行冲、吴兢等结为知交。私撰《史通》，还著有《刘氏家史》《谱考》等，预修《三教珠英》《文馆词林》《姓氏系录》等。所著《史通》是一部史学名著，也是中国图书编撰史上的一部重要著作。《史通》分内外两篇，内篇皆论史家体例，辨别是非；外篇则述史籍源流及杂评古人得失。全书共52篇，存49篇。关于史书体例，《史通》一开始就提出"六家""二体"之说。六种史书体例是《尚书》家、《春秋》家、《左传》家、《国语》家、《史记》家和《汉书》家。"二体"即指断代编年体和断代纪传体。

三、宋元明著名古籍编撰者

司马光（1019—1086），字君实，陕州夏县（今山西夏县）人，著名政治家和史学家。司马光在政治上以保守著称于世，笃守儒道，不喜释老，居处有法，动作有礼。历仕仁宗、英宗、神宗、哲宗四朝，先后担任开封府推官、天宝阁待制、侍讲、翰林学士、御史中丞等职。主要著作有《资治通鉴》《稽古录》《太玄集注》《法言集注》《温公易说》等。其中，《资治通鉴》是一部享誉古今的史学名著，全书294卷，300多万字，是一部编年体史学名著。

解缙（1369—1415），字大绅，江西吉水人。永乐元年（1403），明成祖朱棣旨命翰林学士解缙纂修一部类书。太子少师姚广孝等为监修，儒臣文士计3000人参加编校、录写、圈点工作。先后历时六年，于永乐六年（140）冬，全书告成，定名为《永乐大典》。全书辑入先秦至明代各类古书8000种，共22877卷，外加凡例和目录60卷，计3.7亿字，装成11095册。全书编制体例，以洪武正韵为纲，以韵统字，以字系事。内容包括天文、地理、文学、艺术、经书、史籍、工技、农艺、医学、宗教等。《永乐大典》是我国古代最大的一部百科全书式的类书，是我国文化遗产中的一部大类书。

四、清代著名古籍编撰者

顾炎武（1613—1682），原名绛，字忠清，江苏昆山人，人称"亭林先生"，明末清初著名学者和思想家。顾炎武著作等身，其主要作品有《日知录》《天下郡国利病书》《肇域志》《音学五书》《韵补正》《古音表》等。

黄宗羲(1610—1695),字太冲,号南雷,人称"梨洲先生",浙江余姚人,明清之际著名的思想家、史学家、藏书家。注重实学,认为治经必须学史,才能达到实用的目的。当时顾炎武创浙西学派,着重在经学,黄宗羲创浙东学派,着重于史学。著有《明儒学案》《宋元学案》等。

纪昀(1724—1805),字晓岚(或春帆),晚号石云,谥文达,清直隶河间献县人。清代著名学者、目录学家和图书编撰家。纪昀学识渊博,才思敏捷,曾多次主持过官书的编撰工作,其中《四库全书总目》水平最高,影响最大。《四库全书总目》亦名《四库全书总目提要》《四库总目》等,其成书过程与《四库全书》相始终。戴震、邵晋涵、周永年等纂修官在辑佚、校阅图书的同时,为每种图书各写一篇提要,最后交总纂官纪昀增删厘定,总其大成。除了《四库全书总目》之外,纪昀还著《阅微草堂笔记》等。

章学诚(1738—1801),字实斋,号少岩,浙江会稽人,清代著名史学家、目录学家和图书编撰家。从事《史籍考》《续资治通鉴》《湖北通志》《常德府志》《荆州府志》等的编撰工作。嘉庆五年(1800),贫病交加,眼睛失明,仍然坚持写出了《浙东学术》等重要著作。章学诚一生著作丰富,《文史通义》《校雠通义》《史籍考》等是其代表作。《文史通义》兼论文史,有很高的学术价值。《校雠通义》是校雠学理论的集大成性著作,《史籍考》是一部史部目录学巨著。

黄丕烈(1763—1825),字绍武,一字绍甫,号荛圃、荛夫、荛翁、荛老,晚年又号复翁,江苏吴县人。清代乾嘉时期第一流的藏书家、校勘家和版本学家。一生喜欢收藏图书和读书、校书。其藏书甚富,仅宋版书就达百余种,建专室以储之,顾广圻题曰"百宋一廛"。

鲍廷博(1728—1814),字以文,号渌饮,祖居安徽歙县,世称"长塘鲍氏"。实际他生活和藏书、刻书事业的主要活动地是杭州。与黄丕烈同被称作"鉴赏家",博览群书、家藏万卷。除注意收藏图书外,还注重其校刻及史料的传播,他曾主持刊刻《知不足斋丛书》30集,选刊家藏经史考订、算书、金石、地理、书画、诗文集、书目等方面的珍籍207种,皆亲手校对,刊行于世,极具参考价值。

周永年(1730—1791),字书昌,号林汲山人,山东历城人,清代著名汉学家，对校勘学十分精通。他将1800卷的《永乐大典》残本翻检一遍，从中辑录出宋刘敞、刘敏兄弟的《公是集》和《公非集》等10多种早已不传的罕见古书，为校勘《永乐大典》、编纂《四库全书》做出了突出贡献。

五、近代著名古籍编撰者

梁启超（1873—1929），字卓如，号任公，又号饮冰室主人，广东新会人。近代资产阶级改良主义思想家，学者。他青年时参加戊戌变法，晚年在清华大学研究院任教授，平生勤于著述，编为《饮冰室合集》（分"文集""专集"两部分）。《中国近三百年学术史》即收入"专集"部。该书第十三章至第十六章在"清代学者整理旧学之总成绩"的总标题下，分别对经学、小学、音韵学、校注古籍、辨伪书、辑佚书、史学、方志学、地理学、传记、谱牒学、历算学等学科的发展，予以介绍。第十四章"校注先秦子书及其他古籍"列举了五种校勘方法，除第五种"分类簿录法"可归纳为目录学科外，其他四种是校勘法。

王国维（1877—1927），字静安，又字伯隅，号观堂，浙江海宁人。他早年考中秀才，受近代德国唯心主义哲学和文艺思想影响，专注于哲学与文学的研究，一度到通州、苏州等地师范学堂讲授哲学、逻辑学和心理学。从1907年任学部图书馆编辑时起，他又从事中国戏曲史及词学研究。著有《曲录》《宋元戏曲史》《人间词话》等。辛亥革命推翻清廷统治以后，他以清遗民自居，从1913年起研究史料学、古文字学、音韵学等，1925年到清华大学研究院任教授，除研究古史外，兼作西北历史地理和蒙古史料的考订。王国维平生著作62种，有42种收入《海宁王静安先生遗书》，部分考证文章汇编为《观堂集林》。据统计，他校勘整理过190余种古籍，有《录鬼簿》《水经注》等。王国维是中国近现代之交屈指可数的学术大师之一，中西学兼容并长，在他所从事的每一个学术领域中都做出突出贡献。

鲁迅（1881—1936），本名周树人，字豫才，浙江绍兴人。鲁迅对中国小说古籍做了大量整理、研究，编著了《古小说钩沉》《小说旧闻钞》和《唐宋传奇集》三部著作。在对大量小说古籍进行整理的基础上，鲁迅写出《中国小说史略》这部中国文化史上的石破天惊之作。它与王国维的《宋元戏曲考》比肩而立，成为中国俗文学研究的两尊柱石和里程碑。

六、现代著名古籍编撰者

陈垣(1880—1971),字援庵,广东新会人。早年学医,后转而从事历史研究。他既承继清代顾炎武、钱大昕等人朴学的治学方法,又受到近代科学的洗礼,在漫长的学术生涯中,形成了详尽占有资料、严谨细密考证、论出言简切要的学风。陈垣治史方法较多规于传统史学,撰《四库书名录》《四库撰人录》二书及《文津阁书册数页数表》。陈垣精于宗教史和元史,创建和发展了历史文献学,撰写《元典章校补释例》《史讳举例》。

孙楷第(1898—1986),字子书,河北沧县人。古典文学研究专家、敦煌学专家、戏曲理论家。早年就学于北京高等师范学堂(今北京师范大学),师事杨树达、陈垣等著名学者。著有《中国通俗小说书目》十卷、《日本东京所见小说书目》六卷、《大连图书馆所见小说书目》一卷。

王重民(1903—1975),字有兰,河北高阳人。古文献学家、目录学家、版本学家、图书馆学教育家、敦煌学家。1924年至1928年就学于北京高等师范学堂(今北京师范大学),师事高步瀛、杨树达、陈垣等著名学者。中华人民共和国建国初期,王重民担任北京图书馆代理馆长,1952年,调北京大学主持筹建图书馆学系,其后,终身在此任教授。在敦煌学研究方面,著有《敦煌古籍叙录》《敦煌遗书论文集》等,编有《敦煌曲子词集》《敦煌变文集》等。

第二节　古籍理论专家

一、古籍研究专家

张元济(1867—1959),字菊生,号筱斋,浙江海盐人。1902年,张元济进入商务印书馆历任编译所所长、经理、监理、董事长等。中华人民共和国成立后,担任上海文史馆馆长,继任商务印书馆董事长。他是中国近代杰出的出版家、教育家与爱国实业家,一生为中国文化出版事业的发展、优秀民族文化遗产的整理、出版做出了卓越的贡献。在他主持商务印书馆时期,商务印书馆从一个印书作坊发展成为中国近代史上最具影响力的出版企业。他组织编写的新式教科书风行全国,在中国近现代教育史上具有开创性的意义。推出严复翻译的《天演论》、林纾翻译的《茶花女》等大批外国学术、文学名著,产生了广泛深远的影响。主持影印《四部丛刊》、校印《百衲本二十四史》以及创建东方图书馆,对保存民族文化有很大的贡献。他精于版本目录学,又密于检察,所著《涵芬楼烬余书录》《宝礼堂宋本书录》《涉园序跋集录》集近代目录体例之长,又检录甚详,已成为现古籍鉴定援引例证之一。此外,还著有《校史随笔》《中华民族的人格》《张元济日记》《张元济书札》《张元济傅增湘论书尺牍》等。

余嘉锡(1884—1955),字季豫,号狷庵。祖籍湖南常德,出生于河南商丘。语言学家、目录学家、古文献学家。后在辅仁大学、北京大学、中国大学、民国大学、北京女子师范大学、民国大学、北京女子师范大学任教,主治目录学。1949 年 10 月,任中国科学院语言研究所委员。著作有《四库提要辨证》《目录学发微》《古书通例》《世说新语笺疏》《余嘉锡论学杂著》等。

顾诵坤(1893—1980),字铭坚,号颉刚,江苏苏州人。中国现代著名历史学家、民俗学家,古史辨学派创始人,现代历史地理学和民俗学的开拓者、奠基人。著有《古史辨》《汉代学术史略》《中国疆域沿革史》《古籍考辨丛刊》《史林杂识》《秦汉的方士与儒生》等。

程俊英(1901—1993),福建福州人。在古籍研究工作上成绩显著,编写、注释《论语》《诗经》等著作,著有《中国大教育家》《诗经漫话》《诗经译注》《诗经注析》《论语集释》以及单篇论文近百篇,与蒋丽萍合作《落英缤纷》上下卷。

许维遹(1902—1951),号骏斋,山东威海荣成人,古籍研究专家。许维遹一生研究范围较广,在语言文字、训诂方面颇多发明,著述有《韩诗外传集释》《登州方言考》《缯礼考》《古器铭对扬王休解》等。对《吕氏春秋》《管子》《尚书》也颇有研究,出版有《管子集校》。

姜亮夫(1902—1995),云南昭通人。国学大师、著名的楚辞学、敦煌学、语言音韵学、历史文献学家、教育家。其学术视野极为宏远,研究范围极为广阔,著有论文集《探戈集》,专著《初高中国文教本》《中国文学史论》《楚辞书目五种》《陆机年谱》《张华年谱》《中国声韵学》《古文字学》《敦煌学概论》,编辑《中国历代小说选》《历代各文体文选若干种》等。

杨伯峻(1909—1992),原名杨德崇,湖南长沙人,著名语言学家。他在语言文字领域的贡献主要体现在古汉语语法和虚词的研究方面以及古籍整理和译注方面。著有《中国文法语文通解》《文言语法》《列子集解》《论语译注》《孟子译注》《文言文法》《文言虚词》等。其中以《论语译注》一书影响最大,曾被香港、台湾翻印,用作日本两所大学的教材。

钱锺书(1910—1998),出生于江苏无锡,原名仰先,字哲良,后改名锺书,字默存,号槐聚。中国现代作家、文学研究家。1958年创作的《宋诗选注》,列入《中国古典文学读本丛书》。1972年3月,六十二岁的钱锺书开始写作《管锥编》。1976年,由钱锺书参与翻译的《毛泽东诗词》英译本出版。1982年,其《管锥编增订》出版。

罗继祖(1913—2002),字奉高,后改字甘孺,晚年号鲠庵、鲠翁。自幼与祖父著名金石学家、文献学家罗振玉一起生活,接受严格的庭训,从塾师读古书、习书画。在历史、考古、文博、图书、书法等领域皆有建树,尤其在文献学和东北史研究方面有突出贡献。18岁时即协助祖父罗振玉作《朱笥河年谱》并刊行。26岁时写成的《辽史校勘记》,以辽代墓志碑刻等核校辽史,奠定了学术地位,至今仍为研究辽史的重要参考书。1942年赴日本任京都大学文学部讲师,写成《辽史表订补》等。其他著作主要有《永丰乡人行年录》《庭闻忆略》《鲁诗堂谈往录》《两启轩笔麈》等。主编《王国维之死》等。

马茂元(1918—1989),字懋园,安徽桐城人。我国著名的楚辞、唐诗研究专家,在海内外享有盛誉。1938年毕业于无锡国学专修学校。曾任安徽省教育厅编审、秘书。中华人民共和国成立后,历任上海第一师范学院教师、上海师范大学教授。专于唐诗、楚辞研究。著有《古诗十九首初探》《晚照楼论文集》,编有《楚辞选》《唐诗选》。

吴孟复(1919—1995),原名常焘,字伯鲁,号希贤,笔名山萝,安徽庐江人。当代古籍学家,古典文学研究家,民革安徽省常委。民国26年(1937)无锡国学专修学校毕业。1937年后,曾任上海政法学院、暨南大学副教授,上海古代文物管理委员会编纂。中华人民共和国成立后,历任安徽师范大学淮北分校(今淮北师范大学)中文系主任、教授、图书馆副馆长、古籍研究室主任,安徽教育学院(今合肥师范学院)教授。主要著作有《训诂通论》《古书读校法》《唐宋八大家概述》《宋词鉴赏词典》(合著)等。

侯忠义(1936—),辽宁大连人。曾任北京大学图书馆古籍整理研究室主任,教授。主要著作有《汉魏六朝小说史》《中国文言小说书目》《中国文言小说参考资料》《中国文言小说史稿》《隋唐五代小说史》等。

张忱石(1940—),江苏宜兴人。曾任中华书局古代史编辑室副编审、主任。主要致力于古籍研究和整理。主要著作有《晋书人名索引》《二十四史纪传人名索引》《全唐诗作者索引》《北宋经抚年表南宋制抚年表》《唐五代人物传记资料综合索引》等。

陈庆元(1946—),福建金门县人。曾任福建师范大学散文研究中心主任,享受国务院特殊津贴专家。主要著作有《中古文学论稿》《沈约集校笺》《蔡襄集校注》《诗词研究论集》《嵇康传》《三曹诗选评》《谢章铤集》等。

吴在庆(1946—),福建厦门人。出版《杜牧论稿》《唐五代文史丛考》《唐五代文学编年史·晚唐卷》《唐代文士与唐诗考论》等著作十余种、《九国志》等古籍整理研究数种。发表学术论文200多篇。

张志清(1964—),天津武清人。国家图书馆研究馆员,国家文物鉴定委员会委员。长期从事古籍和地方文献的采访、编目、整理、研究等工作。参与创办国家图书馆地方志和家谱文献中心,并担任该中心负责人。

二、专业古籍研究专家

辛树帜(1894—1977),字先济,农业教育家、生物学家、农史学家,毕生致力于科学、教育事业,为中国西北的农林教育和科学事业奉献了大半生心血。晚年从事农业科学、古农学研究,撰有《中国果树历史的研究》等著作,为中国农史研究做出了重要贡献。前后20年时间,整理出版了20多种500多万字的著作,受到国内外许多著名科学家的赞扬,尤其是《齐民要术今释》和《农政全书校注》,在国内外产生了极大影响。

石声汉（1907—1971），农史学家，农业教育家，植物生理学专家。晚年致力于整理、研究中国古代农业科学遗产工作，先后完成《齐民要术今释》《四民月令校注》《农政全书校注》等15部巨著，是中国农史学科重要奠基人之一。

缪启愉（1910—2003），农史学家、农业古籍整理和研究专家。作为研究中国农业遗产的先驱者之一，以校释《齐民要术》而蜚声海内外，《齐民要术校释》获得国家多种奖项。先后出版有《四时纂要校释》《四民月令辑释》《齐民要术校释》《元刻农桑辑要校释》。他还参加中国农史研究里程碑式著作《中国农学史》和《中国农业科学技术史稿》的撰写和统稿工作。

余瀛鳌（1933—），江苏阜宁人。曾任中国中医研究院学术委员会委员、全国古籍领导小组成员、中华中医药学会医史文献分会主任委员等。主编《中医古籍珍本提要》《宋以前医方选要》《各科临床通治方选编》等。参与主编《中医大辞典》《中华大典·医药卫生典》《中医名词术语精华辞典》等。整理、审订数十种古医籍，有多种著作获重要奖项。

三、民族古籍研究专家

季羡林（1911—2009），山东聊城人，字希逋，又字齐奘。国际著名东方学大师、语言学家、文学家、国学家、佛学家、史学家、教育家和社会活动家。早年留学国外，通英文、德文、梵文、巴利文，能阅俄文、法文，尤精于吐火罗文（当代世界上分布区域最广的语系印欧语系中的一种独立语言），是世界上仅有的精于此语言的几位学者之一。为"梵学、佛学、吐火罗文研究并举，中国文学、比较文学、文艺理论研究齐飞"，其著作汇编成《季羡林文集》，共24卷。

饶宗颐（1917—2018），字固庵、伯濂、伯子，号选堂，潮州人。是享誉海内外的学界泰斗和书画大师。他在传统经史研究、考古、宗教、哲学、艺术、文献以及近东文科等多个学科领域均有重要贡献，在当代国际汉学界享有崇高声望。中国学术界曾先后将其与钱锺书、季羡林并列，称之为"南饶北钱"和"南饶北季"。著作有《殷代贞卜人物通考》《选堂集林·史林》《甲骨文通检》《敦煌书法丛刊》。

吴雅芝（1956—），鄂伦春族，主要从事图书资料整理及民族传统文化研究。她多年潜心研究,先后撰写了多部民俗专著,发表了20多篇有价值的学术论文。1999年,她应邀赴韩国参加第二届亚细亚国际民俗研讨会。在会上她宣讲的论文《鄂伦春族熊图腾兼其他动物崇拜》,引起了强烈反响。在从事民族文物及民族研究的同时,相继出版或参与出版了《中国少数民族传统体育运动》《中国古代的酒与饮酒》《中国民间节日文化大辞典》。

第三节　古籍人才培养

目前对古籍修复的培养以短期培训为主,短期培训中存在培训师资不唯"大师"论,培训费用、培训课程、知识传播与接受的矛盾。解决以上问题要古籍单位管理者的重视,建立人才激励机制,充分调动古籍工作者的积极性;创造好的工作环境,修复业务外包,加紧古籍数字化进程;高校图书馆古籍人才培养与院系、古籍研究所实现内部横向联合;在古籍领域建立互联网平台,便于古籍工作者随时了解古籍工作动态。

掌握古籍知识,需要以下三方面的能力:古籍的阅读实践、古籍工具书的使用、古籍知识的积累。这三个方面是相互联系,不可分割的。阅读古籍是综合运用文字、词汇、语法、修辞、写作等各部分有关知识进行的。文字学的知识,可以用来克服古今字、正异体字、繁简字,通假借字带来的阅读障碍;词汇学的知识,可以用来克服词义变化带来的阅读障碍;语法学的知识,包括实词用法、虚词用法和文言句法特点等知识,可以用来克服由于古人用词、造句方法的某些不同带来的阅读障碍;修辞、写作知识,可以用来领会句、段以至全篇的确切含义。古籍知识的积累离不开古书阅读的实践。只有勤读博览,熟读深思,日积月累,逐渐掌握一定数量的文言词语,以及用词造句的规律,对文言才会融会贯通。此外,要比较集中地学一点文言基本知识,一定要学会使用关于古代语文的工具书。总之,阅读古籍要有正确的观点和初步的古籍知识,同时,要掌握古代的语文工具。

一、古籍保护人才培养

古籍文化遗产保护传承分为古籍鉴定与修复、古籍编目与整理、古籍传媒与出版、古籍文化策划与推广四个层级,这四个层级构筑了我国古籍保护传承人才的发展方向。古籍文化遗产保护传承现状与危机是古籍遭严重侵蚀,原材料紧缺,专业高端保护人才严重匮乏,学生对古籍相关专业冷淡,学校教育参差不齐。古籍保护传承的趋势是高端人才的梯队培养,高端人才需要高学历(职称)、高技能、高协同的复合型人才,古籍的高端人才需要多学科、多部门协同创新、共同培养。古籍人才不仅需要扎实的修复基本功,还需要深厚的文化积淀。古籍人才培养应立足于我国本土文化现实,尊重古籍文化艺术,了解中西古籍文化的差异。

古籍保护工作关键在于高素质的人才队伍建设。古籍保护人才培养主要方式有:培养一批技术精湛、素质较高、具有一定专业知识的古籍保护人才。举办不同层次、不同类别的培训班培养古籍保护人才。从目前古籍保护人才培养的现状来看,人才培养的力度还需要加大,古籍工作人员队伍更需要稳定。结合古籍收藏特点,有针对性区分人才的层次和重点培养方向,拓展人才使同的渠道。

高校图书馆古籍保护一直面临着诸多困难,古籍保护管理方式陈旧、缺乏古籍修复的专业人才、古籍保护技术设施不完备、古籍保护的数字化表现形式单一。保护好古籍文献不能缺少专业型人才的管理,只有高素质的知识型人才加入,才能承担起古籍文献资料的保存、管理、开发、利用工作的重任。具体措施有:加强古籍修复人才的培养,培养古籍修复高学历的知识性人才,加快古籍数字化建设人才的培养,开展古籍再生性保护工作人才的培养。专业人才的培养是高校图书馆古籍保护工作顺利开展的人员保障。

少数民族古籍是中国特色社会主义文化,民族古籍记载了各少数民族政治学、经济学、历史学、民族学、哲学、宗教学、语言学和文学艺术等人文社会科学方面的内容,还记载了医药学、化学、生物学等自然科学方面的内容,民族古籍是我们认识各少数民族的"活化石",但要让民族古籍事业向纵深发展,必须对已经整理出来的民族古籍进行翻译和研究,这就需要大量的民族古籍专业人才。可以采取高等教育培养、在职培训培养和师傅带徒弟培养等多渠道、多层次、灵活多变的方式来培养民族古籍人才。同时要加强民族文化的普及工作,使人们对民族文化有很强的认同感和归属感。

二、古籍修复人才培养

古籍修复技术的掌握需要长期实践,古籍修复人员的培养是一个长期过程。要分析古籍修复人才的能力需求和基本特质,制定有针对性的人才培养方案,应用型古籍人才的培养要关注修复技能学习的过程性,要培养从业人员的独立思考能力和自学能力,是否具有良好的职业道德和职业操守也是人才培养能否成功的重要考量指标之一。

从知识传播的角度看,加强在职人员的培养,借助信息传媒技术,建立修复师在线学习交流的平台,拓宽修复人员学习的渠道。让修复人员到资质条件比较成熟的单位进行学习,增进修复人员的技术水平。设立校外的实习基地,在校古籍修复专业学生有机会从事古籍修复实习,为古籍修复行业更深层次的理论研究提供人才储备。

我国开展培养古籍修复人才工作的现状,除了由国家古籍保护中心主办的各级各种古籍保护修复技术培训班外,还有联合办学形式成立的古籍修复专业,由教育部正式注册的各类学院院校独立开设的文物保护与鉴定专业等。

古籍修复人员培养路径:根据古籍修复专业的特点,招收适合从事修复工作的生源;根据专业发展需求设置课程,优化课程结构;根据专业特色,古籍修复课总课时应安排充足;创建省级古籍修复人才培养平台,实现古籍修复经验的交流和共享;建立师生交流群,分享修复经验;培养古籍修复学生精益求精的"工匠精神"。

三、民族古籍人才培养

古籍保护整理工作的全面展开,对古籍保护单位带来了挑战和机遇,同时,对少数民族古籍保护整理人才的专业素质也提出全新的要求。特别是,少数民族古籍内容包罗万象,涉及的学科领域广泛。因此民族古籍整理人员应具备以下几个方面的素质:

(1)应具备民族古籍学的知识(包括民族古籍相关的目录学、版本学等）。

（2）要具备文史学科和应用汉文翻译少数民族文字古籍的基础
知识。

（3）要具有应用现代化新技术能力（计算机、缩微、印影操作等方面
的技能）。

（4）要具备古籍修复的技能。

（5）要具备爱岗敬业的精神和工作作风。古籍保护、整理、研究工作
时间长、枯燥繁琐。因此，特别需要培养勤勤恳恳、兢兢业业、忠于职
守、尽职尽责、爱岗敬业的精神和工作作风。

少数民族古籍文献是民族传统文化与历史的积淀，是中华民族文化
的瑰宝。为促进民族文化的传播与继承，充分发挥少数民族古籍文献在
弘扬民族文化方面的作用，应该注重培养和造就一批专业精、知识广博、
富有责任心和甘于奉献的少数民族古籍研究人才。第一，应适应少数民
族古籍文献的数字化趋势，加强和促进相关人员及研究人员的计算机应
用知识与能力。第二，培养一专多能的少数民族古籍复合型人才。少数
民族古籍整理、保护和数字化是一项融计算机知识、古籍版本知识与多
种语言知识于一体的工程。它不仅需要精通古籍文献的分类、编目等知
识，还要懂得网络、多媒体等现代技术知识，而且对少数民族传统文化具
有高度的热情和责任感。第三，有针对性地培养本民族的古籍人才。如
鄂温克族、鄂伦春族、达斡尔族的古籍文献很多都是以满文、蒙文等文字
记载。目前，急需培养一批年轻的古籍翻译整理人才。第四，切实提高
民族古籍从业人员的专业知识水平。第五，古籍人才多元培养。引进古
籍人才，提高现有人员工作能力，培育少数民族古籍研究专业化队伍。
努力加强少数民族古籍文献学科队伍建设，形成成熟而稳定的著者、研
究、工作群体，有利于少数民族古籍研究的全面开展和纵深发展。

参 考 文 献

董绍杰,卢刚,毕国菊,2010.外文古籍的概念与界定初探[J].图书馆学研究
(7):96–98.

范佳,2013."数字人文"内涵与古籍数字化的深度开发[J].图书馆学研究
(3):29–32.

付保珂,2015.河南农业大学图书馆古籍普查进展与探索[J].科技情报开发
与经济,25(24):7–9.

付莉,2014.数字时代高校图书馆古籍版本鉴定工作的新设想[J].山东图书
馆学刊(4):81–83.

高娟,刘家真,2013.中国大陆地区古籍数字化问题及对策[J].中国图书馆
学报,39(206):110–119.

古晓梅,2016.对全国可移动文物普查中古籍著录的思考——以丹东市图
书馆实践为例[J].情报探索(6):59–61,65.

韩春平,2014.古籍普查中的问题及对策——以甘肃省普查工作为考察重
点[J].河南图书馆学刊,34(1):62–64.

何艳艳,2009.CALIS古籍联机编目对全国古籍普查工作的借鉴与启示[J].
图书馆学研究(9):96–98.

侯蔼奇,2013.古籍普查中积存复本残本问题探析[J].图书馆界(1):24–25,
36.

胡良,林珊,2012.国内重点院校古籍数字化调查分析[J].现代情报,32
(10):53–55,116.

胡艳杰,2014.古籍数字化资源的交换及其意义初探[J].图书馆工作与研究
(12):45–47.

胡应麟,1933.四部正伪[M].北京:北京书局.

华海燕,2014.五部分类法在古籍普查中的运用与研究[J].四川图书馆学报
 (1):84-87.

黄永年,1985.古籍整理概论[M].西安:陕西人民出版社.

江山,2010.翁同龢古籍版本鉴定方法述略[J].苏州科技学院学报(社会科
 学版),27(2):65-68.

李广龙,2015.古籍数字化模式对传统文史研究及学科建设的影射[J].当代
 图书馆(2):22-24,27.

李明杰,2015.数字环境下古籍整理范式的传承与拓新[J].中国图书馆学
 报,41(219):99-110.

李洋,2015.古籍文献数字化之思考[J].农业图书情报学刊,27(3):47-49.

李正辉,2011.古籍普查工作中遇到的若干细节问题[J].图书馆学刊(7):
 134-136.

梁爱民,陈荔京,2012.古籍数字化与共建共享[J].国家图书馆学刊(5):
 108-112.

刘红,2011.论古籍版本学发展研究的历史职能和现实意义[J].河南图书馆
 学刊,31(6):129-131.

龙慧,2013.中小型图书馆古籍普查工作的价值取向分析[J].河南图书馆学
 刊,33(3):131-133.

娄明辉,2011a.试论古籍普查与保护视野下古籍工作的转变[J].图书馆理
 论与实践(6):12-13.

娄明辉,2011b.古籍普查与古籍数据库的再建设——以辽宁地区图书馆为
 例[J].图书馆学刊(1):49-50.

鲁先进,2011.古籍普查中如何正确著录僧人姓氏[J].图书馆杂志,30(5):
 83-85.

骆伟,2010.关于当前古籍普查与申报国家珍贵古籍名录的思考[J].山东图
 书馆学刊(4):90-92.

毛建军,2017.古籍数字化工作中的版本问题[J].图书馆杂志,36(1):77-
 80.

莫俊,2015.古籍普查研究综论[J].图书馆学刊(4):129-134.

潘德利,2003.美国国会图书馆藏中国古籍善本概略[J].图书摘报工作(6):
 114-117.

潘健,2015.从实际工作角度谈谈古籍修复档案的设立与研究——以《论语集注》的修复为例[J].四川图书馆学报(2):79-83.

乔敏,张华艳,2012.古籍普查中版本鉴定新思路[J].图书馆理论与实践(2):110-112.

申利,2012.利用数字化资源提高古籍整理效率的实践和思考[J].图书情报与知识(5):120-125.

宋世明,2012.古籍修复档案管理之我见[J].图书馆工作与研究(197):126-128.

宋书兰,2013.古籍普查工作与地方文化整理研究[J].文化研究(29):185-186.

汤印华,2011.从古籍保护视角谈古籍修复人才培养[J].图书情报论坛(5):66-68.

万群,高学淼,2016.谈数字化背景下古籍保护纸张信息系统的构建[J].图书馆工作与研究(9):67-69.

吴茗,2016.GIS技术在古籍数字化资源建设中的应用[J].图书馆学刊(4):55-58.

肖克之,2007.农业古籍版本丛谈[M].北京:中国农业出版社.

邢春艳,史伟,2012.古籍普查大环境下的古籍著录及其思考——以沈阳师范大学图书馆为例[J].图书馆学刊(12):32-34.

徐金铸,滕希华,管振岐,2012.高校图书馆古籍数字化建设工作探讨[J].当代图书馆(3):58-60.

徐淑秋,郭晓丹,2013.从古籍普查工作看编目人员的素质建设[J].图书馆学刊(12):24-26.

杨凡,2017.大数据框架下古籍数字化发展趋势研究[J].图书馆学刊(7):74-77.

杨钢,2011.试论民国时期古籍版本学的成就[J].图书馆理论与实践(6):105-108.

杨居让,2016.古籍修复"划栏补字"再思考[J].当代图书馆(1):49-51.

姚俊元,2010.关于制定古籍数字化标准的思考[J].图书馆理论与实践(2):50-52.

张文亮,敦楚男,2017.近十年我国古籍数字化研究综述[J].图书馆学刊

（3）：126-137.

赵小丹，2014.高校图书馆古籍整理与开发现状及其模式研究——以辽宁
省高校图书馆为例[J].河南图书馆学刊，34（11）：68-70.

周会会，谢凯，2009.古籍普查档案填写应注意的若干事项[J].图书馆研究
与工作（4）：66-67.

周思繁，2016.古籍版本著录问题举隅——以丹东市图书馆古籍普查著录
为例[J].图书馆工作与研究（8）：60-62.

后 记

古籍为1911年以前的文字典籍,包含各朝各代的农业古籍、医学古籍、史书、方志和类书等,大多数为汉文书写,也有部分少数民族文字如满文、藏文、蒙古文等,既有国内的珍藏本,也有国外的典藏本,这些都是中华瑰宝,源远流长。当前,关于古籍的论著较多,多是从整理、校注、版本学、保护、数字化等角度研究入手,但系统阐释古籍的图书较少。尤其在"十九大"强调文化自信和推动社会主义文化繁荣兴盛的背景下,全面梳理古籍对于决胜全面建成小康社会,开启全面建设社会主义现代化国家新征程具有重要价值。本编著从中国古籍概述、古籍整理与修复、古籍出版与保护、专业古籍资源、民族古籍资源、图书馆古籍资源、古籍专家与人才培养等角度全面剖析古籍研究现状与历史地位,系统阐述了古籍发展历程,试图从古籍视角实现"新高度"(以文化繁荣兴盛助力民族伟大复兴)、完成"新任务"(让中华文化展现出永久魅力和时代风采)、达到"新方向"(不断满足人民的美好生活需要)。

笔者硕士研究生毕业后,在安徽师范大学图书馆工作十余年,从事数据库有关的理论研究,主持过教育厅农业古籍整理项目,发表相关论文多篇,并多次参与图书馆古籍一手资料的整理工作。了解到很多读者和科教人员对古籍有着浓厚的兴趣和探究欲望,苦于古籍资源的无法获得和信息不畅通。笔者经调查发现,市场上针对非古籍专门研究人员的古籍入门教材不多,故萌生写一本通俗易懂的古籍概述图书,为对古籍感兴趣的读者提供一点帮助的想法。考虑到不仅要体现古籍完整体系性,还要兼具一定的专业性,因此在浏览大量相关论著和在线大数据资料的基础上,历经多年完成此书。由于笔者个人知识积累有限,不足之处在所难免,特别是有文献引用不到的地方之处,敬请批评指正。

在编著过程中,得到安徽师范大学图书馆的大力支持,不仅有大量的古籍资源供查阅拜读,还有领导的莫大鼓励,衷心感谢程文海书记、方青馆长、刘和文副馆长、施才玉副馆长等领导的关心,同时感谢潘杏仙、周向华、俞力、吴华勤,以及浙江省图书馆古籍部陈谊等老师的帮助。特别感谢清华大学、北京大学等各图书馆网上资源的分享。本书出版承蒙2018安徽省高校人文社科重点研究项目、2018安徽师范大学学术著作出版基金资助,在此表示衷心感谢。

王会梅

二〇一八年五月一日